インテリアの基礎知識シリーズ

インテリアとファニチュアの基礎知識

内堀繁生・臼井憲二 著
UCHIBORI Shigeo　USUI Kenji

The Basics of
Interior and Furniture

鹿島出版会

まえがき

　そこに家具があるからインテリアになる。そのような家具は、古くから生活文化の発達と変遷にともなって新しくなり、デザインの変革と技術革新を繰り返しながら今日に及んでいる。

　近年わが国では、生活文化と人びとの生活意識の多様化をふまえて、住環境がさらなる個性化への傾向を強めている。インテリアデザインでは、それらに対応した内装デザインの演出、それにともなった家具・ウィンドウトリートメント・アートワーク・グリーンインテリアなどのインテリアエレメントが装備されてはじめて、そのインテリアが単なる空間から住まうための生活空間へと構成されてゆく。

　椅子やテーブルなどの家具類は、人びとのもっとも身近にあって役割を果たしているが、その際、家具（デザイン）は単なる機能や性能だけでなく、デザイン文化や時代感覚、はたまた生活の愉しさをも感覚情報として発信しているのではないだろうか。

　本書は、わが国とヨーロッパの生活文化と家具の様式、インテリアと家具について、また家具の機能と種類、家具配置、家具構成とメンテナンスなどに関する基礎知識を総合的に編集した本である。ちなみにインテリアの基礎知識シリーズは本書を含めて4冊の図書がある。

　この本が建築家・インテリアデザイナー・コーディネーターを目指して学ぶ若い人たちの参考書として、また大学その他において、デザイン教育にたずさわる先生方の教材として役立たせていただければ幸いである。

　おわりに本書をまとめるにあたり、鹿島出版会の相川幸二さんには終始ご尽力をいただき感謝を申し上げたい。

2010年秋　内堀繁生

目　次

まえがき

第1章　住まいと家具の様式　……………………………………1
1.1　住まいの文化 ―――――――――――――――2
1.2　住まいの様式 ―――――――――――――――2
1.2.1　床座の生活 ――――――――――――――2
1.2.2　椅子座の生活 ―――――――――――――3
1.3　家具の様式 ――――――――――――――――7
1.3.1　古代・中世 ――――――――――――――7
1.3.2　近世・近代 ――――――――――――――17

第2章　インテリアと家具　………………………………………35
2.1　インテリアの種別 ―――――――――――――36
2.2　家具の役割 ――――――――――――――――37
2.3　人間工学と家具 ――――――――――――――39
2.3.1　人体寸法と家具 ――――――――――――39
2.3.2　人体寸法とインテリア空間 ――――――――41

第3章　家具の分類、寸法と性能、種類　………………………43
3.1　家具の分類 ――――――――――――――――44
3.1.1　機能的分類 ――――――――――――――44
3.1.2　その他の分類 ―――――――――――――44
3.2　家具の寸法と性能 ―――――――――――――46
3.2.1　椅子、ベッド類の寸法と性能 ――――――――47
3.2.2　テーブル、デスク類の寸法と性能 ―――――――50
3.2.3　収納家具類の寸法と性能 ――――――――――51
3.2.4　家具の性能と試験方法 ―――――――――――52
3.3　家具の種類 ――――――――――――――――53
3.3.1　椅子、ベッド類の種類 ―――――――――――53

3.3.2	テーブル、デスク類の種類	61
3.3.3	収納家具類の種類	69
3.3.4	造作家具類の種類	76
3.3.5	屋外の家具類の種類	105
3.3.6	家具の居室別リスト	106

第4章　家具のデザイン … 109
- 4.1　現代の名作家具 — 110
- 4.2　家具デザインの要素 — 123
- 4.3　家具の選択 — 125
  - 4.3.1　椅子類の選択 — 126
  - 4.3.2　テーブル、デスク類の選択 — 129
  - 4.3.3　収納家具類の選択 — 129

第5章　インテリアの家具配置と配置図作成 … 131
- 5.1　インテリアの家具配置 — 132
  - 5.1.1　リビングルームの家具配置 — 132
  - 5.1.2　ダイニングルームの家具配置 — 135
  - 5.1.3　ベッドルームの家具配置 — 137
  - 5.1.4　キッチンの家具配置 — 139
- 5.2　家具配置図作成の手順 — 141

第6章　家具の構造と維持管理 … 145
- 6.1　家具の構造 — 146
  - 6.1.1　椅子、ベッド類の基本構造 — 146
  - 6.1.2　テーブル、デスク類の基本構造 — 151
  - 6.1.3　収納家具の基本構造 — 153
- 6.2　家具と部品類の維持管理 — 154
  - 6.2.1　椅子類のメンテナンス — 154
  - 6.2.2　テーブル類のメンテナンス — 157
  - 6.2.3　収納家具類のメンテナンス — 159
  - 6.2.4　部品類のメンテナンス — 160
  - 6.2.5　家具の据え付けと地震対策 — 162

第1章 住まいと家具の様式

1.1 住まいの文化

　わが国の住まいは歴史的には木造建築が主流であり、床座という生活様式により発達してきた。この床座の生活様式は床台に座る形式をとっており、インド、中国、朝鮮そして日本へと仏教の伝来とともに伝わり、東洋における床に座るという文化圏を形成してきた。一方西洋では椅子座の生活様式により発達した。この椅子座の生活様式は土間空間の中で発生し、エジプト、ギリシャ、ローマを経て歴史的にも地域的にも独自の建築様式となって、いわゆる椅子に腰を掛ける西洋の文化圏を形成してきた。

1.2 住まいの様式

1.2.1 床座の生活

　わが国の床座の生活は座礼と呼ばれる生活様態をとって、畳敷きの床に座るという日常生活の振る舞いと、日本の伝統的な礼法を確立してきたが、その空間は畳、敷居、床の間、襖、障子等で囲まれた座敷とよばれる様式的なインテリア空間を構成してきた。また、床座の生活では人が直接触れる部位が床のため、仕上げは板張りまたは畳敷きとされて、身体になじみやすいソフトな感触の自然素材が用いられ、それら素材の構成も含め伝統的な和室のデザイン様式となって発展していった（図1.1）。

図1.1　「源氏物語」に見る床座の生活

ちなみに、座敷空間には備え付けの家具はひとつも置かれていない。その部屋の使い勝手にしたがって必要な道具や家具、たとえば座布団とか卓子を持ち込むことによって、その部屋を多目的に使い分けることができる。このことは座敷には使用上の融通性と空間的多機能性を兼ね備えているという特徴があるといえよう。座敷では床に座るため当然ながら腰掛けを備える必要はなく、日本の伝統的な家具としてあげられるのは棚、櫃、長持、箪笥等であり、それらの発展過程は収納機能から発生して卓子類へと進化し、上述の収納家具類と台類を中心とした和家具の伝統が確立されてきたことになる（写真1.1）。

写真1.1　現代の茶室

1.2.2　椅子座の生活

　椅子に腰を掛ける生活は立礼形式の生活様態で、家具を置くインテリアの床は屋外の地面や土間空間の延長として扱われ、腰をドロすための椅子や寝るための寝台、あるいは食事のためのテーブルが置かれることで住空間として成立する様式である。わが国のように木材によってつくられた住まいと異なり、西洋の建物は

土や石材等の無機質材料によってつくられており、日常の生活は床に家具類を多く配置しなければ生活空間としては役立たない。

　家具の置かれる内部空間の床は土間としての発想がルーツで、石や煉瓦を積んだ壁で囲まれている西洋的なインテリア空間は、家具と一体になって機能するのが特徴であるといえよう（図1.2）。

図1.2　ネオクラシック様式のランスドゥン邸（ロンドン、1768、ロバート・アダム）

椅子座の生活ではもっとも身近なものが家具であって、日常の生活には、生活行為や使用目的にあった椅子やテーブルを効果的に配置する必要がある。一般に椅子式の現代の建築計画では、その部屋の使用目的が計画の初期段階に設定された後、インテリア計画がスタートする。内装の仕上げや照明、空気等の室内環境が整えられ、用途にあわせて家具が配置されることになる。したがって、当初設定した使用目的のためには機能を発揮するが、反面、他の用途には転用が難しいという空間的な制約が、家具によって特徴づけられる。

　ところで、わが国の伝統的な生活様式の中で椅子座の生活、つまり椅子が使われるようになったのはごく一部の用途をのぞき、明治期になってからである。公立学校や役所、鉄道の駅舎などが始まりであった。しかし、庶民の住まいに椅子が普及するのはさらに時を経て第二次世界大戦後の都市部においてであった。

　都市生活者の住まいに椅子式の生活を促し、普及させるきっかけとなったのは1950年代の日本住宅公団（現都市再生機構）の集合住宅に取り入れられたダイニングキッチン（DK）の誕生である。

　1945年、第二次世界大戦敗戦後の日本における住宅不足は420万戸という莫大な数にのぼった。その住宅不足を解消するために生まれた日本住宅公団が、後にわが国の伝統的な和風住宅に洋風の生活を取り入れる役割を果たすことになったのである。

　1950年、建設省の公営住宅標準設計委員会に加わった吉武泰水は鈴木成文の計画素案をもとに「51C型」と称する、後日「2DK」の原型となった計画案をまとめた。この計画案は当時の京都大学、西山卯三博士による「食寝分離論」の住宅理念を具体化したもので、2寝室（和室）をもった住宅平面は台所を広くとりそこで食事をするというダイニングとキッチンの機能を一体化した計画案であった（図1.3）。

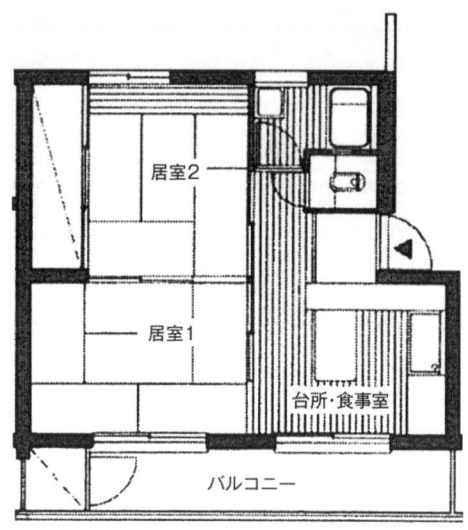

図1.3　2DKタイプの平面図

　戦後10年を経て不況から脱し、わが国ではようやく高度成長期に入り、欧米からの新しい技術導入や新製品開発が意欲的に行われ、洗濯機などの電化製品も暫時一般住宅に普及し始めてきた。そのような時代背景の中で、日本住宅公団は東京をはじめとする都市部の住宅不足圏域に大規模な住宅団地の開発を行い「2DK」規模の集合住宅の建設を行った。住宅内部は和室2室を南北に配置し、「食寝分離」を具体化するために和室2室に接続して広めの台所を配置し、そこで食事を椅子座でとるという当時としては画期的な案で、それまでの卓袱台や炬燵で食事という様式と一線を画したものであり、都市生活者の住様式に大きな変革をもたらした。ちなみにDKでは椅子座の食生活を促すためのテーブルが固定して備え付けられていた。DKにはこの頃普及し始めた冷蔵庫が設置され、テーブル脇には食器棚がつくりつけられ、生活の中心となった。後にトースター、ミキサーや魔法瓶など多くの電化製品や生活器具が配置されることになった。
　DKの壁面には流し台が備え付けられ、後の「立式流し」の普及と量産化の出発点となった。

1.3 家具の様式

西洋の腰掛ける文化圏では、古くから人びとの生活と密接な関係にあったのが建築様式と家具で、その歴史的な流れを大別するとエジプト・ギリシャ・ローマ時代の古代と、ビザンチン・ロマネスク・ゴシック期の中世、ルネッサンス・バロック・ロココ・19世紀中期までの近世、19世紀から20世紀のモダンデザイン成立までの近代とに分けられる。以下、家具を中心にして古代から近世までの歴史的な流れを述べる。

1.3.1 古代・中世

(1) エジプト

紀元前、すでにメソポタミア（バビロニア、アッシリア、ペルシャ）やエジプトで家具が使われていたことは、文献や遺跡の発掘によってよく知られるところである。

エジプトの建築といえば、王の墳墓であるピラミッドに代表されるが、20世紀になって発掘されたツタンカーメン王墓の中に、エジプト王の権威の象徴ともいえる黄金の王座（謁見用の椅子）と寝台などが発見された。これらの家具は王権を誇示するにふさわしい豪華な意匠で、表面を金の薄板で全面覆いした燦然たる細工は、エジプト第18王朝の栄華を今日に伝えている。

古代エジプトの家具には椅子、寝台、卓子などがあって、獅子を装飾に用いた獣脚のものが多い。王家を中心としたさまざまな宮殿用の椅子や黒檀でつくられた寝台、櫃、白塗りのスツールなどがあり、木製のほか大理石製の家具もつくられた。また旅に携行するために、折畳み機構の用具もすでに考案されていた（図1.4、図1.5）。

図1.4 ツタンカーメンと王妃（王座の背）

図1.5 ツタンカーメンの王座（謁見用の椅子）

(2) ギリシャ

　ギリシャ建築は石造による造形を生み出したが、その意匠は簡潔な柱列に水平梁を渡したドーリス式、イオニア式、コリント式の三つの様式で、ともにその構造原理は共通している。コリント式の柱頭を飾ったアカンサス模様はこの時代に創出されたもので、以後ヨーロッパの伝統的な装飾パターンのモチーフとなった（写真1.2、図1.6）。

写真1.2　ギリシャ神殿、復元建物

ドーリス式　　　　イオニア式　　　　コリント式

図1.6　ギリシャの柱頭様式

　ギリシャ時代の市民階級の家具としては、座具、寝台、卓子、櫃などが使われていたが、椅子については当時高位にあった男性用の頑丈なスロノスと、曲線脚の女性用のクリスモスが有名である。また背のないディフロス、およびクリーネとよばれる寝椅子などいろいろなタイプがある。いずれもギリシャ人の比例感覚からつくられた美しいプロポーションをもち、クリスモスは紀元前5世紀につくられた最古の小椅子といわれる。
　当時の男性用の椅子同様、婦人用のものも座面が驚くほど高く、

1.3　家具の様式　9

足が床から浮いてしまうので小型のフットストゥールが付属品として付いている。これは、地中海に位置しながらギリシャの冬は寒く、当時の石造建築は技術的に未熟で納まりも悪く、隙間風や床からの寒気の侵入を防ぐことが困難で、防寒のために座面を高くしたものとも考えられる。

このためフットストゥール付きの椅子は結果的に腰を掛けたときの視線の高さが、近くに控える家臣や付人より高くなり、階級的自尊心を満足させ権威の象徴ともなっていた（図1.7、図1.8、図1.9）。

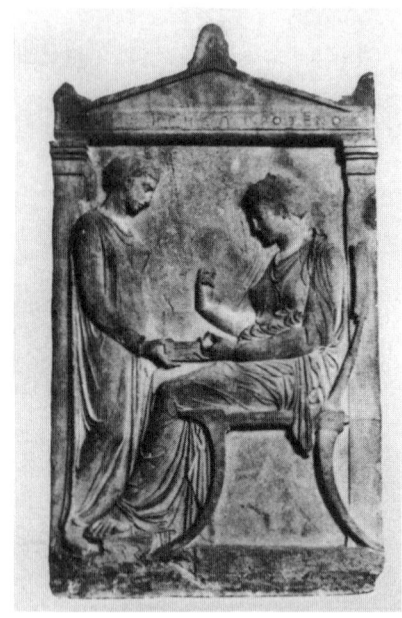

図1.7　クリスモスの椅子とフットストゥール

図1.8　クリスモスの椅子　復元図

図1.9　クリーネ　復元図

(3) ローマ

　紀元前4世紀から紀元1世紀までの間にローマでは大帝国が築かれ、要塞など土木工学の分野で偉大な文化遺産を残している。建築では半円アーチの発明、ヴォールトやドームによる大空間やコロセアムなど記念碑的な建造物が多くつくられ、列柱による架構様式ではギリシャ建築のもっとも華麗なコリント式が継承された。

　ローマの家具はギリシャ時代の様式を踏襲しているが、椅子や卓子の脚部に動物足の意匠が導入された。またこの時代になって鉄が家具材料として登場し、クロスレッグの鉄製ストゥールがはじめてつくられた（図1.10）。

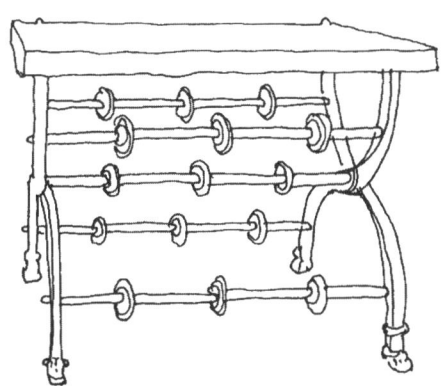

図1.10　鉄製のストゥール

図1.11　大理石の卓子

（4）ビザンチン

　ローマは4世紀末に西ローマ帝国と東ローマ帝国に分裂し、初期キリスト教建築とビザンチン文化の時代に入る。西のローマ帝国に対して、紀元330年コンスタンチヌス大帝による東ローマ帝国がコンスタンチノーブルに誕生するが、この帝国は1453年オスマントルコに征服されるまで、1000年もの長期にわたり続いた。

　ビザンチンの建築はローマ様式にオリエント様式がミックスされた様式で、方形の建物にドームを乗せた構造方式が考案され、6世紀になってビザンチン様式を代表するアヤソフィア寺院が建造された。このドーム構造はそれ以降のヨーロッパの教会建築の基本様式となった。

　ビザンチンの家具としては、王座と椅子などのほかに机と聖書台の組合せも流行した。家具の意匠には建築的な形態を取り入れ、図1.12のように木を使った量感ある造りで、幾何学模様の装飾で覆われて入念にペイントされている。ローマの古典様式を継承する手描きによる絵画的技法やモザイク装飾法を継承したX脚ストゥールなども多くつくられた。

図1.12　象牙彫刻を嵌め込んだ王座

ダゴベール王の王座、9世紀、アームと背は12世紀に付け加えられた

(5) イスラム

イスラム教は6世紀末アラビアのメッカでマホメットが開いた宗教であるが、その宗教的形式は、偶像崇拝を行わないためモスク（礼拝堂）が唯一の信仰の場であった。イスラムは急速に勢力を拡大していって、15世紀までの間に中近東、北アフリカ、スペインなど地中海沿岸全域までその文化圏を広げた。

イスラムの住居は床に絨毯を敷いた床座の生活が中心で、部屋の一隅が高くなっており、これが寝台となっている。壁に貼られたタイルや絨毯の模様はアラベスクとよばれる幾何学模様で、イスラム文化独特の感性を意匠的に生みだしたものである（図1.13）。

図1.13　アラベスク模様

(6) ロマネスク

キリスト教を中心としたローマ風文化がロマネスクで、この時代の教会建築は、ローマとビザンチンの影響を受けた十字型平面、交叉ヴォールト構造により各地に建てられた。西ローマ帝国の支配力が衰えて領土の分裂が始まるが、地方領主の統治により安定が保たれた時代であった。領主の城館は、石を使った組積造で建築され、壁を厚くして防備防寒を施した。当初の城館内部はまだ大広間一室だけの簡素な間取りで、領主と家臣たちはこの広間で寝食を共にした。

この時期の家具には挽物脚の三角座の椅子や長椅子があり、垂直の背もたれが共通の特徴である。また、建築的で直方体に近い形の収納箱の出現が画期的で、これはチェストとよばれる櫃で、

領主が領地を見回るとき、衣類や生活用具を入れて持ち運んだ。普段は城館の広間に置かれて椅子代わりに、あるいは家臣とともにその周りに腰掛けを並べて食事台としても使用された（図1.14）。

図1.14　ロマネスクのチェスト

(7) ゴシック

　12〜15世紀のゴシックの建築様式は、空にそびえ立つ塔、尖塔アーチ、ヴォールト天井、ステンドグラス、数多くの彫刻などキリスト教精神のあくなき造形表現がなされた教会建築の時代で、フランスで始まりヨーロッパ全域に広がった。中世都市のシンボルといわれるゴシック建築では、パリのノートルダム寺院（12〜13世紀）、ケルンの大聖堂（13〜19世紀）があまりにも有名である。

　ゴシックの家具には枠組づくりと板づくりの2種類があり、花弁やアカンサス彫刻と丁番や飾り金具が特徴である。意匠的には宗教色が濃く、形態的には垂直線を重視した建築様式にならったものといえよう。たとえば、教会の椅子は枠組に彫刻パネルが嵌められて尖塔アーチを回した角型で、背もたれが屹立して丈高く、中には背の上部に天蓋をもつものも数多く見られる。このような背高デザインの椅子の形状は、隙間風を防ぐ防寒機能とともに司教の権威を表現したデザインでもあった。

写真1.3　ケルンの大聖堂

写真1.4　パリ ノートルダム寺院

　中世ゴシックの時代には、社会の秩序が安定してくるにしたがって、敵からの防備体制の必要がなった領主階級は次第に城館から一般住居に移り住むようになってきた。当時の領主クラスの住居は、それ以前から継承された広間のほかに客間や個室を新たに有し、主人夫婦、子供用の寝室も備えて、ようやくプライバシーを確保できる住空間への意識が見られるようになってきた。しかし、一般ではまだ寝室の分離は進まず、広間は居と寝の機能が併存されたままで、広間に置かれる寝台にはカーテンを巡らせ天蓋を付けて寒さを凌ぎ、プライバシーの確保に努めた。また、城館の広間に据えられたチェストは、以前のように領地の見回りに持ち運ぶ必要がなくなったため、下部に装飾台輪や脚が付けられるようになった。そのほかの一般家具は木製箱類が中心で、収納

箱、食器棚、食台、箱型寝台、椅子類などがあり、ユニークなものとしては、座板を開けて中に聖書を収める祈祷椅子や、フランドル地方では背を前後に動かす箱型の長椅子も使われていた（図1.15、図1.16、図1.17）。

図1.15 ゴシックの教会椅子（座がはね上げ式になっている）

図1.16 ゴシック装飾とゴシックのチェスト

図1.17 戴冠式の椅子（ウエストミンスター寺院）

1.3.2 近世・近代
(1) ルネッサンス

ゴシックの強烈な宗教的精神から人間性と人文主義とを重んずるルネッサンスへの変革は、ギリシャ、ローマの古典精神への回帰と人間個性の重視、感性の解放をうながした。ルネッサンスは地中海交易の中心であったイタリア都市で起こり、商工業で財をなした富裕な都市貴族が、その富を背景として芸術家や科学者を支援して名実ともにルネッサンス文化を押し進めた。15世紀から16世紀にかけてのルネッサンス盛期には、芸術、文学、音楽そして理想都市の総合芸術としての秩序ある建築が数多く試みられたが、現存するものではミケランジェロのサンピエトロ寺院が特に有名である。

家具は、中世ゴシックの謹厳な格式ばった意匠から、ローマ時代の様式を基調にした装飾性豊かなものに変わり、人像、獣身、花弁、アカンサスなどのモチーフが装飾に多用されてきた。椅子では小椅子や肘掛椅子がようやく一般化し、挽物やX脚、割り形のついた板脚に革張りや籐張りのシートが付けられた。寝台は箱型や4柱天蓋式が用いられたが、まだまだ住宅内での寝室の分離は定着していなかった（図1.18、図1.19、図1.20）。

図1.18　ビーナスの誕生

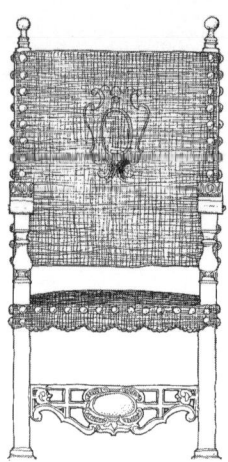

図1.19　ダンテスカ

図1.20　獣脚の卓子

図1.21　サボナローラの椅子

図1.22　板脚の椅子

(2) バロック

バロックの語源は「いびつな形の真珠」を意味するポルトガル語で、1620年イタリアで発生した自由奔放、躍動感あふれる建築様式である。もともとは前世紀後半に起こった宗教改革の経緯から、新しいカトリック精神の昂揚と専制君主制の権力誇示のための様式であって、イタリアでは教会堂が中心で、波及していった周りのヨーロッパ諸国では、フランスのルイ14世のベルサイユ宮殿のような宮殿建築が中心となった。

写真1.5　ベルサイユ宮殿

　バロックの家具デザインには建築様式からの影響がほとんど見られず、意匠的にも動物や花鳥柄などをあしらった加飾性が特徴で、家具意匠の目的はひとえに君主権力の象徴であった。その呼び名について例をあげれば、バロックの家具としてベルサイユ宮殿の様式が代表的なところから、この様式をルイ14世式とよび宮殿内の豪華なバロックインテリアを飾った。

　バロックの椅子には彫刻脚、螺旋やらっきょう型の挽物脚が使われ、革、籐、ベルベット張りの小椅子、肘掛け椅子、長椅子がつくられた。またこの時期新しい機能をもつ家具として、飾棚（コモド）と引出しの付いたチェスト（チェスト・オブ・ドロアー）が生まれた（図1.23、図1.24、図1.25）。

図1.23 バロックの宝石装飾

図1.24 フランスバロック
様式の置時計

図1.25 張り包み肘掛け椅子

(3) ロココ

　ロココとはフランス語のコカイユ（貝殻）からきた18世紀文化を表す呼称で、1700年代の初頭、パリ社交界の女性たちは窮屈な宮廷生活からの解放を欲し、自由で屈託のないサロン形式の日常生活を求めていった。この貴族階級の世相を反映して生まれたのがロココ様式の家具で、この装飾意匠は、いかにも女性らしく優雅で美しい造形感覚に満ちたものである。

　カブリオール・レッグ（山羊脚）をもつロココの家具は通常ルイ15世式ともよばれ、曲線や豊富な彫刻が至るところに施されて、デザイン全般に金色や白色など自由で豪華な加飾手法がとられている（図1.26）。

　椅子の形には、当時のファッションの影響が表れ、広がったスカートを着用した社交界の婦人たちが掛けやすいように全体に前広がりで、座面の前幅が広く肘が後退して小さく、背や座にはすべりのよい絹のタペストリーが上張りされた。椅子以外の家具としては、中国趣味を取り入れた黒地に金の彫刻をあしらったコモド（飾棚）やカップボード、コンソール（壁付小卓子）などがある（図1.27）。また新しい機能の家具として手紙を書くためのビューロー（蓋付机）が考案され、婦人用の個室を飾った（写真3.24）。住まいではようやく寝室の分離が普及してきたので、寝台の天蓋がなくなり4柱寝台が中心となった。

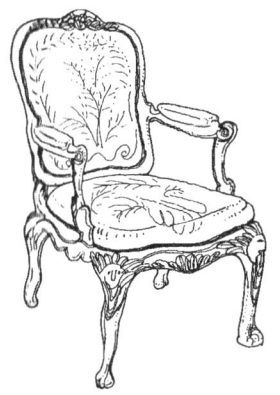

図1.26　ルイ15世式のアームチェア

図1.27　ルイ15世式のコモド

　なおルイ15世式の家具様式は18世紀後半まで続くが、次のルイ16世（后はマリー・アントワネット）時代になると、家具は直線脚となってコリント式の溝が刻まれるなど、荘重感のあるデザインへと変わり、やがて、ネオクラシシズム（新古典主義）へと変化していく（図1.28、写真1.6）。

図1.28　ルイ16世式のアームチェア　　写真1.6　ルイ16世式のセッティ

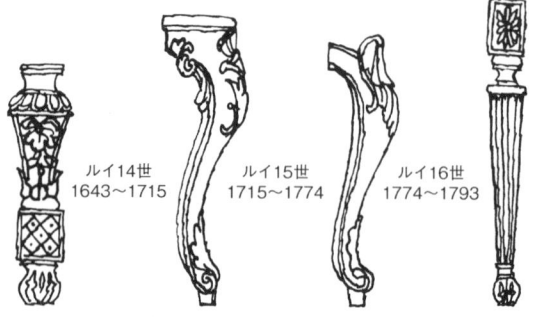

図1.29　ルイ14世からルイ16世に至る脚のいろいろ

(4) イギリス18世紀―伝統から個人へ

　フランスのロココ様式が若干遅れて導入されたイギリスでは、アン女王時代に、その影響を受けたクィーン・アン様式が生まれた。この家具様式は王室中心のものであったが、当時のイギリスは国家の繁栄と豊かな市民生活の時代であった。そんなイギリス社会を反映して、ブルジョア階級のための家具として登場するのが次に述べる様式である。つまり、クィーン・アンについで19世紀初頭までに、4人の優れた家具作家が輩出して、彼らの名を冠したチッペンデール、アダム、ヘッペルホワイト、シェラトンの家具様式が生みだされた。これらの様式は、繁栄を続けるイギリス市民階級の生活を支え、海の向こうの新大陸アメリカにも影響を与えながら、欧米の今日の家具様式の基礎をつくったといえよう。

　クィーン・アン様式はフランス・ロココの影響を最初に受けた様式で、椅子の形は全体にふっくらとした曲線で構成されている。カブリオール・レッグはロココよりはずっと簡素化され、丸味の付いた座形、優美な曲線の背もたれにはスプーンと花瓶形の背板が付いてアカンサス彫刻が刻まれている（図1.30）。

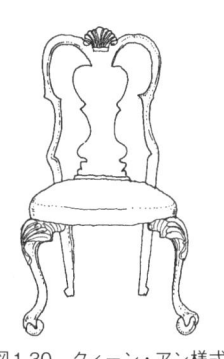

図1.30　クィーン・アン様式

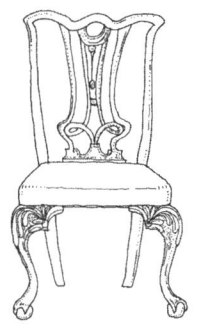

図1.31　チッペンデール様式

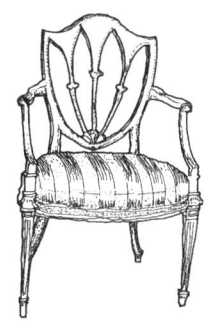

図1.32　アダム様式

チッペンデールはクィーン・アンを継承している様式で、脚部にカブリオール・レッグを用い、背の装飾モチーフにバロックやロココ、中国風の透彫りを巧みに取り入れたのが特徴である（図1.31）。

　アダム様式は古典文様と人像などをデザインモチーフに用い、脚部は先端を細めた直線形のネオクラシシズムを採用している。椅子の背は楕円の楯形を取り入れ透彫りまたは張り包んでいる（図1.32、図1.33）。

図1.33　サルトラム邸（ロバート・アダム、1768）

ヘッペルホワイトはアダム様式を規範として、ネオクラシックをさらに軽快にしたのが特徴で、家具の全体的プロポーションは細身である。背もたれをアダム様式にならって楯形にしたプリンス・オブ・ウェルズの3本の羽根飾りの椅子が特に有名である（図1.34）。

シェラトン様式の直線的で優雅な趣は、アダム様式とフランスのアンピール様式の影響を多分に受け継いでいる（図1.35）。適度な装飾彫刻、象嵌、寄せ木などの手法を用い、古典様式をモチーフとした幾何学的プロポーションが特徴といえよう。

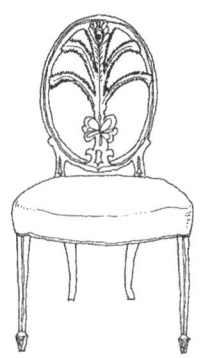

図1.34　ヘッペルホワイト様式

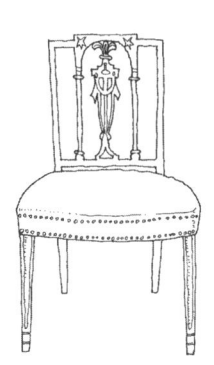

図1.35　シェラトン様式

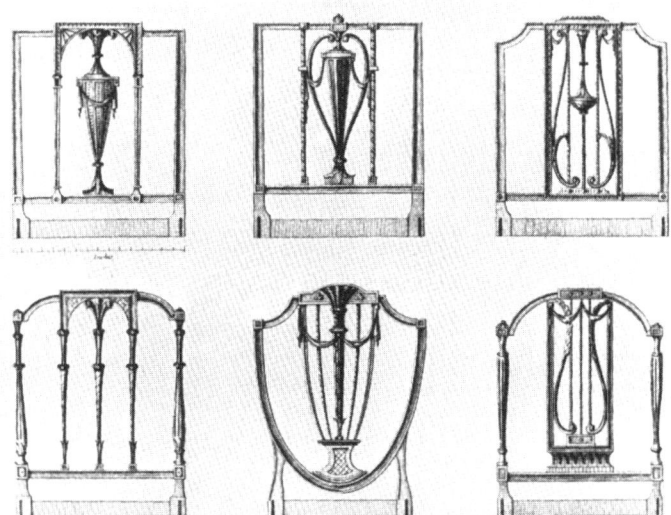

図1.36　シェラトン様式の背のバリエーション

1.3　家具の様式　25

(5) ネオクラシック

　19世紀初期の鉄の建築への利用は、新しい大構造物としてミラノのアーケード（1865～1877）や万博会場などの建造を可能にしたが、さらに1889年になって近代を象徴するパリのエッフェル塔が建造されるに至った。19世紀のヨーロッパは近代から現代への過渡期として、様式的にはローマ古典主義やゴシックリヴァイヴァルが盛んであった時代で、イギリスの国会議事堂、ベルリン国立劇場、パリ・オペラ座など、近代都市への記念碑的な建物が多く建てられた。

　18世紀後半に起こった産業革命がヨーロッパ全域に普及した19世紀には、工業、商業、輸送手段など産業全般にわたる建物や交通施設、行政市庁舎などの建設が盛んに行われた時期で、社会的には、中産階級の経済力が増大して、各国とも市民の生活は比較的豊かで安定していたといえよう。したがって市民の住宅でも独立した居間、食堂、寝室などをもてるほどの規模に水準が上がってきていた。

　フランスではナポレオン１世（1799～1812）が政治権力を握り、古代ローマ様式を再現したパリのエトワール広場の凱旋門やマドレーヌ寺院を建て、家具デザインでは、古代ローマの古典的モチーフを基本としたアンピール式の様式が生まれた。周辺の国々、ドイツやオーストリアでは、アンピールの影響を受けて中産階級のためのビーダー・マイヤー様式（1815～1848）が流行した。アンピールは相前後してイギリス、イタリア、アメリカにも様式的な影響を与えながら次第に現代へと始動していったのである（図1.37）。

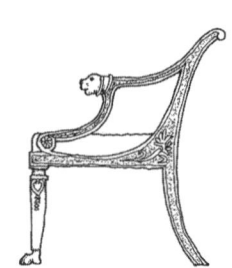

図1.37　アンピール様式

写真1.7 ナポレオン王座

(6) 近代から現代へ

　1851年ロンドン万国博に出品されたミカエル・トーネットの曲木の家具（図1.38）は、デザイン的にも技術的にもそれまでの家具の概念を一挙に近代化へと変革した。それは、これまで行われてきた職人技術による伝統的な様式デザインと工芸技能による家具生産から、単純化されたデザインと工業的技術による大量生産方式に移ってきたことで、輸送手段の発達と相俟って、ヨーロッパ諸国の一般市民がローコストで購入することを可能にした。このように家具生産に変革をもたらしたトーネットの家具は、それ以後のモダンデザインにも多大な影響を与えたのである。

　トーネットを契機として、ようやく近代から現代へとデザイン思潮や様式変革の波が広がってくるのは、イギリスのウィリアム・モリスの工芸復興（アーツ・アンド・クラフツ）運動に負うところが多大である。モリスは家具、ステンドグラス、織物、壁紙の分野で新しいデザインを提唱しつつ、当時の保守的なデザイン界に新風を送り込んだ。

1.3　家具の様式　27

図1.38 トーネット家具のポスター(1859年の最初のもの)

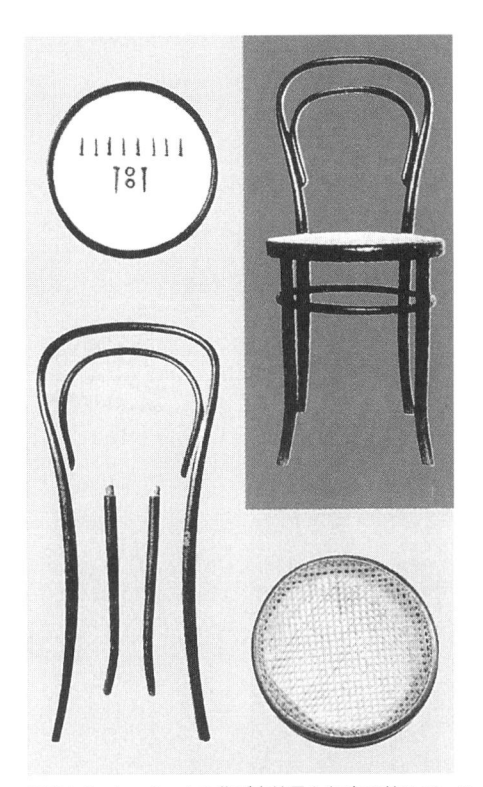

写真1.8　トーネットの曲げ木椅子と組立て前のパーツ

写真1.9　アーツ・アンド・クラフツの飾棚

イギリスでは、グラスゴーグループによる新しい住宅建築の中から、チャールズ・レニー・マッキントッシュの直線美の椅子が生まれたこともあげておかなければならない。

写真1.10　マッキントッシュ設計によるヒル・ハウス

写真1.11　マッキントッシュのデザインによるラダーバックチェア

モリスのデザイン思潮の影響を受けて、他のヨーロッパ諸国では、世紀末のベルギーやフランスのアール・ヌーボー（図1.39）、ドイツ、オーストリアのユーゲント・シュティール運動、ウィーンでは過去のアカデミックな様式からの分離宣言、ゼセッション運動が始まった。またその後、ロシア革命前後の構成派運動も始まった。オランダでは基本三原色によるモダニズムのデ・スティル運動で、ゲーリット・トーマス・リートフェルトによる赤と青の椅子が生まれ、腰掛ける機能以外に、椅子の形や色でインテリアデザインをも創り出す役割りをもっていることを示唆した歴史的な提案がなされた。1920年代はフランスを中心としたアール・デコ（図1.41）の時代であったが、同じ頃、1919年ドイツのワイマールに芸術と産業の結合を理念としたバウハウスが設立された。建築、家具、織物、陶器、ガラス、金属などの応用芸術と、絵画、彫刻などの純粋芸術を統合した造形運動が開始されるが、これが以後20世紀の現代デザインへと展開していくことになる。なおこれら歴史的なデザイン潮流につながる家具のモダンデザインについては、「4.1 現代の名作家具」で述べるのでそれを参照されたい。

図1.39　アール・ヌーボーの椅子
　　　　（エクトール・ギマール）

図1.40　リートフェルトのデザインによる
　　　　赤と青の椅子

写真1.12　ゼセッション館（ウィーン）

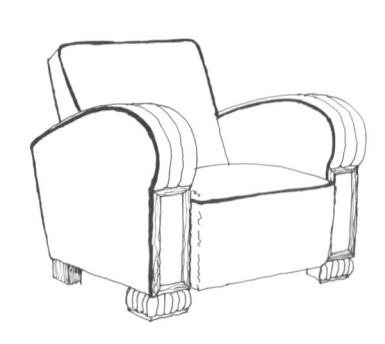

図1.41　アール・デコの椅子　　写真1.13　アール・デコのアームチェア

写真1.14 バウハウス（ワイマール）

図1.42 バウハウスのカリキュラム

写真1.15 ワシリーチェア

1.3 家具の様式

表1.1 家具の歴史

年代	日本	イタリア	スペイン	フランス	オランダ	ドイツ オーストリア	イギリス	アメリカ	
1300	鎌倉時代	ゴシック		アルハンブラ宮殿 (13C-14C)イスラム	ノートルダム寺院 (12C-13C)		ケルン大聖堂 (13C-19C)		
1400	室町時代	ルネッサンス	●ルネッサンス		(ルイ11世、1461-)				
1500					(ルイ12世、1500-)			●チューダー様式 (ヘンリー8世) (エリザベス1世)		宗教改革
1600	安土桃山時代	バロック	●バロック		ブルボン王朝 (ルイ13世、1610-1643) (ルイ14世、1643-1715) ベルサイユ宮殿		●エリザベス様式 ●ジャコビアン様式 ●ウィリアム&マリー		
1700	江戸時代	ロココ			●ロココ (ルイ15世、1715-1774)			●クィーンアン様式 (ジョージ1世～4世) ●ジョージアン様式 ●チッペンデール様式	●コロニアル様式	産業革命 (1766) アメリカ独立宣言 (1776)
1800		ネオクラシック			(ルイ16世、1774-1793) (ナポレオン1世、1779-1812) ●アンピール様式			●アダム様式 ●ヘップルホワイト様式 ●シェラトン様式		フランス革命 (1788)
		世紀末	●アンピール様式 ●ディレクトリアル様式		●ディレクトリアル様式	●ビーダーマイヤー様式 トーネット ユーゲント シュティール ゼセッション			●シェーカー様式 ●フェデラル様式 ●アンピール様式	ロンドン万博 (1851)
1900	明治時代			ガウディ	エッフェル塔			●アーツアンドクラフツ グラスゴースクール マッキントッシュ	サリバン	パリ万博 (1898)
	大正時代				●アール・ヌーボー	リートフェルト	ドイツ工作連盟	ライト		
	昭和時代	モダニズム	●イタリアンモダン		●アール・デコ コルビュジェ		●バウハウス		●シカゴ派	
2000	平成時代									

第2章 インテリアと家具

2.1 インテリアの種別

　家具が装備される一般のインテリアは、住宅をはじめとしてオフィスや銀行などの業務空間、商業空間、ホテルや宿泊施設、文化教育施設、医療施設、スポーツレクリエーション施設などさまざまな建物種別にわたっている。家具の設計や選択については、建物の目的に対応して、そのインテリアにふさわしい家具が装備されて、はじめてそのインテリアは建築目的にそった機能と役割を果たすことができるといえよう（写真2.1）。

写真2.1(a)　住宅

写真2.1(b)　オフィス

写真2.1(c)　商業施設

写真2.1(d)　宿泊施設

写真2.1(e)　教育施設　　写真2.1(f)　スポーツ施設

2.2　家具の役割

　住まいやオフィスなどの生活空間では家具の果たす役割がたいへんに大きく、インテリアを機能的に演出するに当たっても家具が重要なエレメントになってくるといえる（写真2.2）。家具は、インテリアエレメントの中では人にもっとも身近なツールとして、生活行為や活動を円滑に行えるように人とインテリア空間とを結びつけるものである。快適なインテリアを構成するためには家具の設計と選択、機能的な空間配置が重要になってくる。

写真2.2　インテリアと家具

インテリアデザインでは、使用目的にそった内部空間の環境づくりと、デザインの雰囲気づくりのために、床、壁、開口部、天井など建築部位のデザインや内装仕上げ、色彩計画、採光や照明計画などの作業を行い、暖冷房や電気、衛生設備などの室内環境を整えるが、さらに家具、照明器具、カーテン、カーペット、アートワーク、グリーンインテリアなどのインテリアエレメントが、それぞれ必要かつ重要な構成要素になってくる。

　上述のようなインテリアエレメントの中でも家具の果たす役割はたいへんに大きく、特に椅子やテーブルは人のもっとも身近にあって生活行為を支え、つねに人と生活空間とを結びつけている。したがって家具は道具としての機能性をもつと同時に、そのデザインは、人間的で感性や知性を満足させるものであることが好ましい。インテリアに配置される椅子やテーブル、収納キャビネットなどの各種家具類は、そのデザイン性によってインテリアの雰囲気を決定づけるもので、空間目的に合致した家具の設計と選択と上手な配置とが大切になってくる。

　一般に家具は工場生産によってつくられるので、商品形態としては完成品としてインテリアに搬入される。既成家具の品質と価格は比較的安定していて、特別注文の家具を除いて通常の一般市場には、種類もデザインも豊富に既成品家具が流通している。

　さらに、昨今ではインターネットを通してユーザー本人が気軽に情報を得て、調達することも広く行われている。

　多品種で、かつ機能的にもバラエティのある家具の中から、上述のような種々の目的をもった建物では家具をどのように選ぶのが妥当であろうか？　家具の設計に当たっては機能や造型性、素材、加工技術、経済性などが考慮されるが、選択に当たってもそれと同じ事柄が要求され、機能やデザイン性は当然のことながら、同時に大切なのは使用中の安全性や品質、価格、メンテナンスの容易さなどである。なおこれについて詳しくは「4.3 家具の選択」（p.125）を参照されたい。

　先に述べたように家具は，インテリアの中で人にもっとも身近なエレメントとして存在し、椅子の場合なら身体を支え、テーブルならその上で作業をし、収納家具ならば衣食住に必要な物を収

納整理するなど、それぞれの機能や役割を果たすが、同時にインテリアの中で家具自体の存在がデザイン的な楽しさを生み出し、さらにインテリアとの共鳴作用、造形的なインパクトによる空間演出を創出することも認識すべきであろう。

2.3 人間工学と家具

2.3.1 人体寸法と家具

　椅子やベッドには、作業をしたり休息をしたりするときに身体を直接支持する機能があり、テーブルやデスクの主な役割には、甲板上で作業をしたり物を載せる台としての働きがある。また収納家具には、道具や生活用品を整理し収納する目的や機能がある。

　家具は身体に直接触れながら使用されるので、使用する人の人体寸法を基にして椅子やテーブルの寸法を決めれば、その人の身体にフィットした家具として使いやすく姿勢も正しく保持でき、生理的にも快適で健康によい影響を与えることになる。近年の日本人の平均身長は成人男子が172.1cm、成人女子が158.8cmとなっており、また身長は手や足の長さなど身体の部位寸法と比例関係にある。人体寸法を家具設計に応用する場合には、上記の平均身長を参考にして、図2.1に示すような人体部位の略算値を知ったうえで、椅子の座面高さなどの家具の機能寸法を求める。なおJISによって家具の規格寸法が整備されているので、設計に際してはこれを参考にすることができる（「図2.2 椅子の支持面のプロトタイプ」参照）。

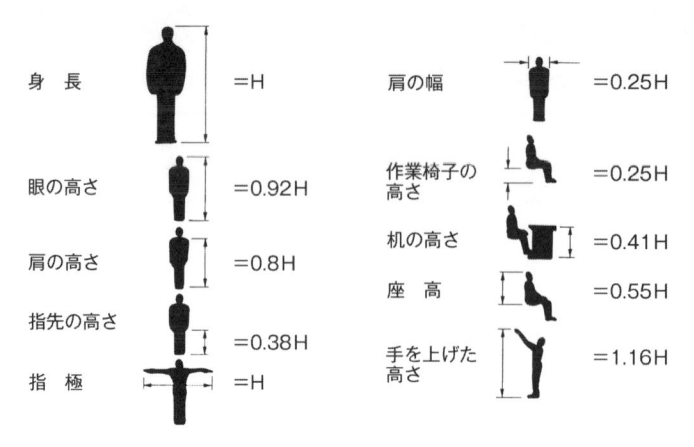

身　長	=H	肩の幅	=0.25H
眼の高さ	=0.92H	作業椅子の高さ	=0.25H
肩の高さ	=0.8H	机の高さ	=0.41H
指先の高さ	=0.38H	座　高	=0.55H
指　極	=H	手を上げた高さ	=1.16H

図2.1　人体部位の略算値（小原二郎・他編「建築・室内・人間工学」鹿島出版会）

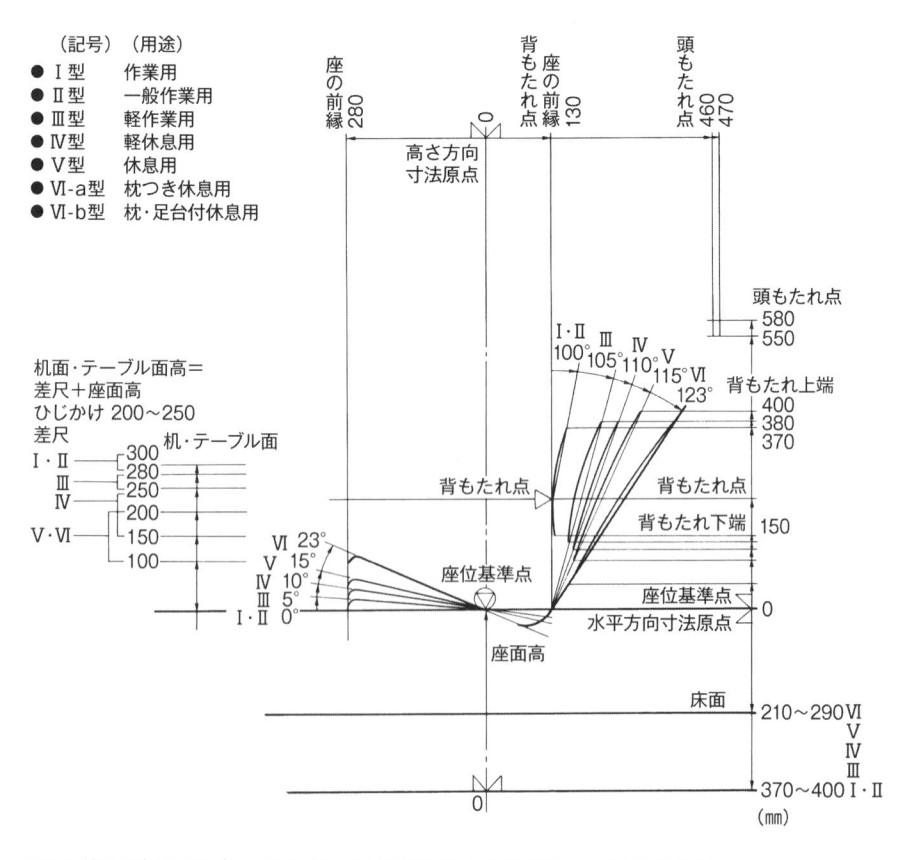

（記号）（用途）
- Ⅰ型　　作業用
- Ⅱ型　　一般作業用
- Ⅲ型　　軽作業用
- Ⅳ型　　軽休息用
- Ⅴ型　　休息用
- Ⅵ-a型　枕つき休息用
- Ⅵ-b型　枕・足台付休息用

机面・テーブル面高＝
差尺＋座面高
ひじかけ 200〜250
差尺
Ⅰ・Ⅱ　300
Ⅲ　　　280
　　　　250
Ⅳ　　　200
Ⅴ・Ⅵ　150
　　　　100

図2.2　椅子の支持面のプロトタイプ（小原二郎編「インテリアデザイン1」鹿島出版会）

2.3.2 人体寸法とインテリア空間

　身長や上体、下肢の長さなど身体の全身や部分そのものの寸法を人体寸法というが、これはある姿勢で静止しているときの寸法である。この寸法は家具の大きさや高さを決めるときに役立ち、前述の人体部位の略算値（図2.1）はさらに家具のディテール寸法にも応用される（図2.3）。

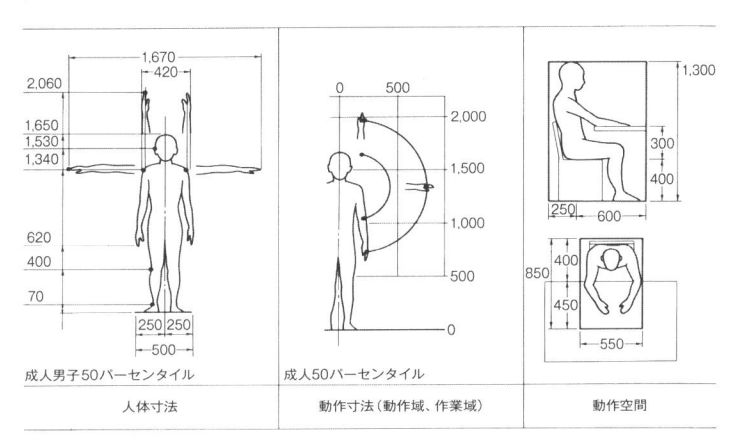

図2.3　人体寸法と動作寸法（小原二郎編「デザイナーのための人体・動作寸法図集」彰国社）

　人が動作するときの寸法を動作寸法と呼ぶが、これは身体の手足や上体、下肢を動かしたときの寸法で、人体寸法を動的にとらえたときの人体計測値である。たとえば生活行為の中で手を上げ下げする必要があるが、棚まで手を伸ばしたときの寸法や、水道蛇口の取付位置に関わる操作寸法などが動作寸法で、動作域または作業域ともよばれる。

　一つひとつの動作寸法を組み合わせて、これを立体的にとらえ、生活行為に必要な道具や家具寸法と、その周りの余裕のスペースを加えたものを動作空間というが、この動作空間は個人単位の生活行為のときに専有する空間であると考えてよい。

　この動作空間がいくつか有機的に集まり計画的に組み合わされてある規模のスペース集団を形づくるが、これをインテリアの単位空間とよんでいる。

　人体寸法をよりどころにして家具の機能寸法が決められるが、人体寸法から単位空間へと展開するインテリア空間の形成は、人

を中心として、生活行為、道具、動作空間、単位空間へと関連し、床、壁、開口部、天井に囲まれて生活空間・居室となり建築空間へと広がっていく。この図式を示すと表2.1のようになる。

表2.1 人体寸法からインテリア空間へ

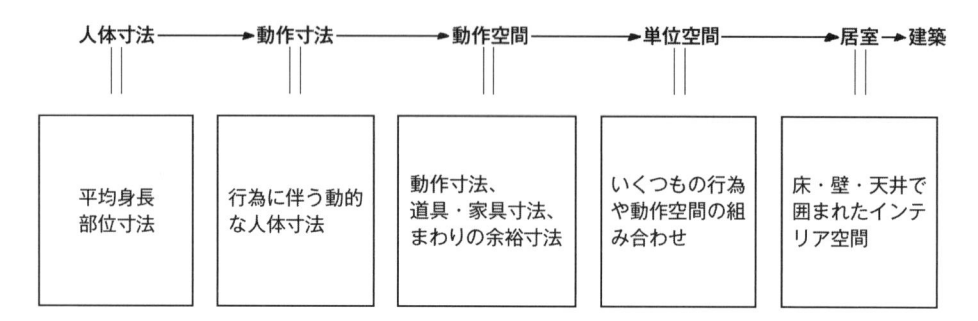

人体寸法	→ 動作寸法	→ 動作空間	→ 単位空間	→ 居室 → 建築
平均身長 部位寸法	行為に伴う動的な人体寸法	動作寸法、道具・家具寸法、まわりの余裕寸法	いくつもの行為や動作空間の組み合わせ	床・壁・天井で囲まれたインテリア空間

第3章　家具の分類、寸法と性能、種類

3.1 家具の分類

　家具はデザインや使用目的が多岐にわたり、椅子とテーブルなどの機能的な違い、あるいは形態や寸法、使用材料の違いなどその種類は多種多様である。現在の代表的な家具の分類として、人間工学的な側面からこれを分けた機能的分類がある。
　なおこの分類方法の他に用途別、構成材料別、生産流通別など後述するようないくつかの分類がある。

3.1.1 機能的分類

　人間工学的な分け方がこの機能的分類で、人の身体を支える機能をもつ椅子やベッド類の人体系家具、テーブルやデスクなど作業機能や物を乗せる役割をもつ準人体系家具、衣類や食器その他生活用品を収納したり間仕切りとする建物系家具の三つに分類される。本項では機能的分類にしたがって、家具の種類と性能について述べる（図3.1）。

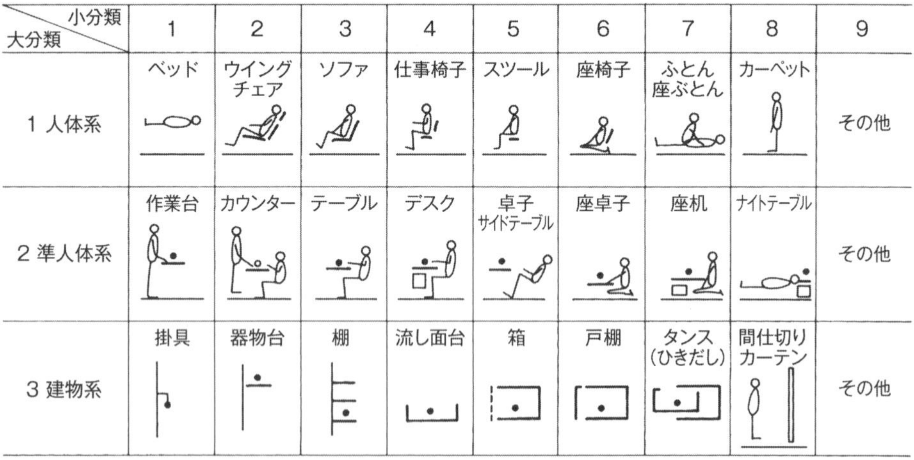

大分類＼小分類	1	2	3	4	5	6	7	8	9
1 人体系	ベッド	ウイングチェア	ソファ	仕事椅子	スツール	座椅子	ふとん座ぶとん	カーペット	その他
2 準人体系	作業台	カウンター	テーブル	デスク	卓子サイドテーブル	座卓子	座机	ナイトテーブル	その他
3 建物系	掛具	器物台	棚	流し面台	箱	戸棚	タンス（ひきだし）	間仕切りカーテン	その他

図3.1　家具の機能的分類（小原二郎編「インテリアデザイン1」鹿島出版会）

3.1.2 その他の分類

(1) 用途別分類

　建物種別や部屋別など使用目的別に分類したものである。
　● 住宅用家具／リビング、ダイニング、ベッドルーム用など

- オフィス用家具／一般オフィス、役員、会議、応接用など
- 学校用家具／一般教室、特別室、オーディトリアム用など
- 劇場用家具／劇場椅子、ロビー用など
- その他／ホテル、店舗、病院用家具、ストリートファニチュアなどがある。

(2) 材料別分類

家具を構成する主材料別に分類したもので、従来の家具工場の技術特性を軸としている。

- 木製家具／むく材、曲木、積層、成型合板、籐家具など
- 金属製家具／スチール、アルミ、ステンレス（パイプ、バー、カスト）家具など
- プラスチック製家具／FRP、ポリプロピレン、発泡ウレタン（成型、インテグラムフォーム）家具など

(3) 形態別分類

家具の構成形態を軸にした分類方法で、家具工場、産地など従来からの業界の一般的呼称による。

- 脚物家具／椅子、ベッド、テーブル、デスク類など
- 箱物家具／棚、箪笥、甲板類（調理台など）
- その他の家具／傘立、帽子掛、マガジンラックなどの小物家具

(4) 機構別分類

各種可変機構や省スペースなど機構別に分類される。

- 積重ね式（スタッキング）／椅子、テーブル、棚類
- 折畳み式（フォールディング）／椅子、テーブル
- 連結式（コネクティング）／椅子、テーブル
- 伸張式（エクステンション）／テーブル類
- ユニット式／収納ユニット、シートユニット、デスクユニット
- 分解式（ノックダウン）／椅子、テーブル、棚類

(5) 様式別分類

生活様式別に分けたもので、和風空間における床座生活用の家具と、椅子座生活の洋家具とに分類される。

- 和家具／棚、箪笥、卓子、鏡台類、屏風、その他
- 洋家具／椅子、テーブル、収納家具類

3.2 家具の寸法と性能

家具の寸法は間口、奥行き、高さで全体の大きさを表示する。家具の寸法は人と物およびインテリア空間とに関わってくるが、設計や選択する場合には、基本的には人体寸法をもとにして評価する。人体寸法との関わり方は、「表3.1 人と物との関わり方」に示すとおりで、人体系家具から準人体系家具、さらに建物系家具へと、人→物→インテリア空間の順に変化していく。この関係をさらに詳しく述べると椅子、ベッドなどの人体系は、すべての家具寸法が使用する人の寸法から決められるが、テーブルやデスクなどの準人体系は、座面と関係する高さ方向については人体寸法から決められ、作業面となる甲板寸法は、作業内容と乗せる物の寸法から決められる。また建物系の収納家具は、収納する物の量とインテリア空間から外側寸法が決まる図式になっている（表3.1）。

表3.1 人と物との関わり方

家具の機能的分類	人と物との関わり方	家具の機能	家具の種類
人体系家具	人	人体を支える	椅子 ベッド
準人体系家具		作業をする 物をのせる	テーブル デスク 調理台
建築系家具	物	収納する 空間を仕切る	収納家具 間仕切

家具の性能については、機能性、強度や安定性、塗膜性能などが求められ、椅子類、テーブル類、収納家具類などには共通して住宅用、パブリック用などの使用目的にそった耐久性や安全性が求められる。また椅子のように身体に近い家具ほど触覚的な心地よさ、快適性が必要になってくる。なお具体的な性能値を求める試験方法については「3.2.4 家具の性能と試験方法」を参照。

3.2.1　椅子、ベッド類の寸法と性能

　人体に触れて直接身体を支持するのが椅子やベッド類で、座面の形や高さ、背もたれの位置、ベッドの大きさなどすべての寸法は人体を基本として決められる。

　椅子は座ったときに正しい姿勢を保てる性能が重視されるが、同時に、身体を動かす自由度があって、かつ安全に身体を支えられることが何よりも大切である。そのための条件としては安定した構造と、座面高や背の傾斜など人間工学的な寸法、およびクッション性などの触覚要因を満足させることが重要である。

　椅子の座面高は図3.2に示すように座位基準点を基にして考えるが、これは人が腰掛けたとき、体重の大部分を支えるお尻の位置（座骨結節）と一致する。椅子の座面が高すぎると、大腿部の裏が圧迫されて生理的によくないので、座面は高めより低めの方がむしろベターである。

　背もたれは背を支える傾斜角度が重要なポイントとなり、作業用または休憩用など使用目的に対応して、腰椎をしっかりと支えられることが大切である。傾斜角度の標準は図に示すとおりであるが、一般に作業用から休息用へと休息度を増すにしたがって傾斜が大きくなる。肘掛けの高さは、肘を自然に曲げた状態の高さがよく、背の傾きが大きくなる休息用のものほど、腰の座骨結節の回転角度が大きくなるために連動して低くなる。

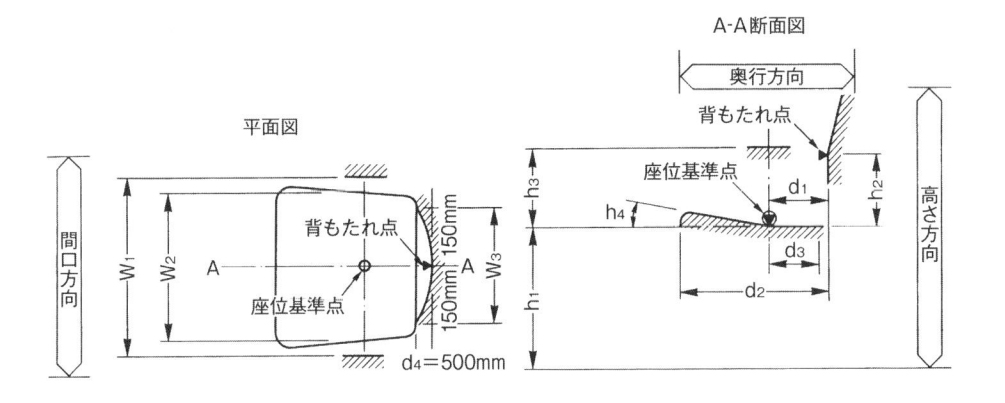

図3.2　事務用椅子の寸法規格（JIS-S1011）

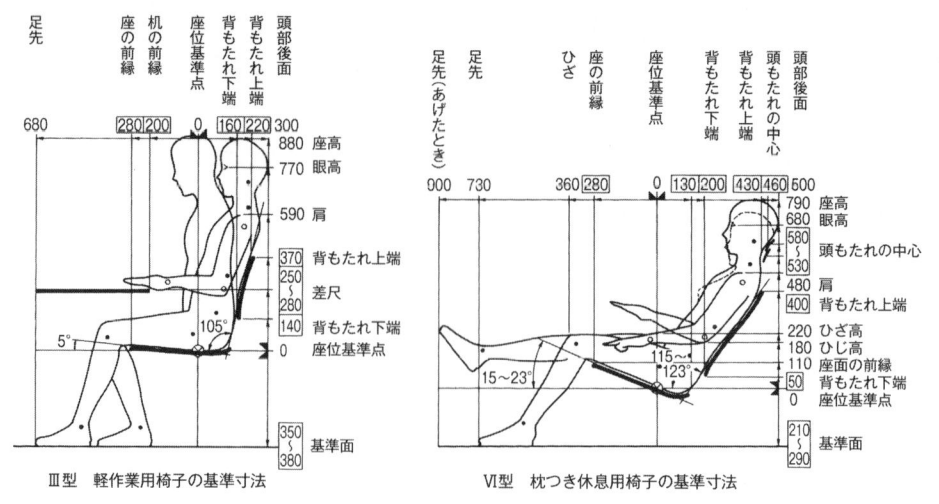

図3.3 椅子の支持面のプロトタイプ（小原二郎編「インテリアデザイン1」鹿島出版会）

Ⅲ型 軽作業用椅子の基準寸法

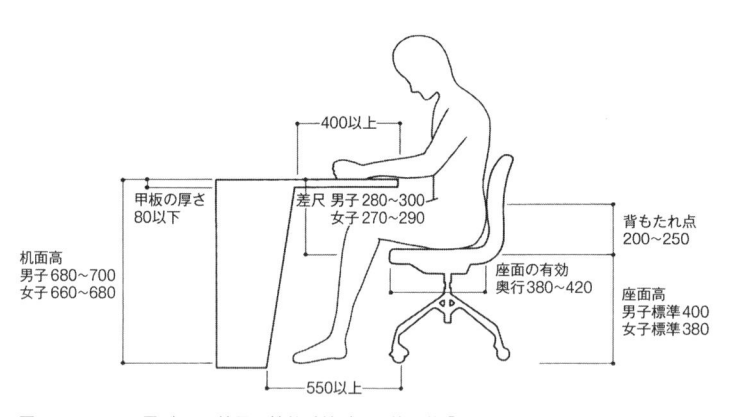

Ⅵ型 枕つき休息用椅子の基準寸法

図3.4 オフィス用デスク・椅子の機能寸法（上野義雪著「インテリアスペース図集」彰国社）

　ベッドは心地よく安眠できる性能を備えていなくてはならない。機能的な性能では寝姿勢を正しく保つためのクッション性とベッドの寸法が重要になってくる。マットレスのクッション性を硬めと柔らかめで比較すると、身体が沈んでしまうほど柔らかすぎるより、むしろ硬めの方がよいが、理想的なクッション構造は、身体が直接触れる表層は柔らかで、その下の中間層を硬くし、さらにその下の最下層では全体の体重をふんわりと受けとめるスプリング層などでできた弾性的な三層構造が好ましい（図3.5のスプリングマットレス参照）。

寸法的には、仰臥の姿勢や左右横向きに寝返りをうつのに十分な幅員と、長さ方向では身長に余裕寸法を加えたマットレス長さが必要である。図3.6はJISで定められた住宅用ベッドの基準寸法を示したものである。

	1	2	3	4	5	6
素材分類	モールドウレタンマットレス	ウレタンラバーマットレス	ロックウレタンマットレス	ウレタンスプリングマットレス	スプリングマットレス	反毛綿マットレス
構造						
素材	①表布地 ②綿布 ③ウレタンフォーム	①表布地 ②フォームラバー ③ヘッシャンクロス ④ウレタンフォーム	①表布地 ②フェルト ③ロック ④ウレタンフォーム	①表布地 ②ウレタンフォーム ③レーヨン布 ④スプリング ⑤綿帆布	①表布地 ②フェルト ③ロック ④スプリング ⑤ウレタンフォーム	①表布地 ②反毛綿

図3.5 マットレスの種類

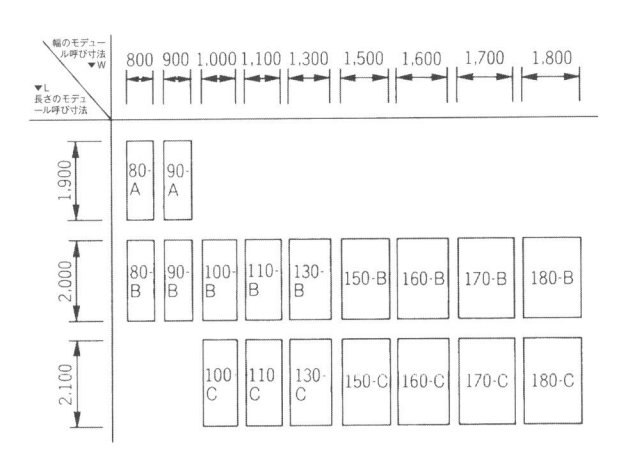

図3.6 住宅用ベッドの寸法規格（JIS-S1102）

3.2 家具の寸法と性能　49

3.2.2 テーブル、デスク類の寸法と性能

　テーブルやデスクは椅子よりは人体寸法との関わりが小さくなる。甲板の大きさは、物、つまり机上面の作業内容とインテリア空間とのバランスで決まる。しかし、高さや膝空間（ニースペース）の寸法は後述の差尺とともに人体寸法から決められる。テーブルの大きさと人数、デスクの規格寸法を示すと図3.7、図3.8のようになる。

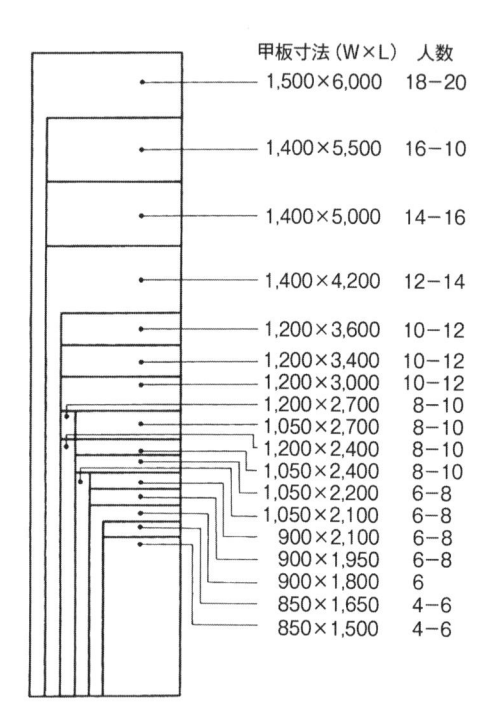

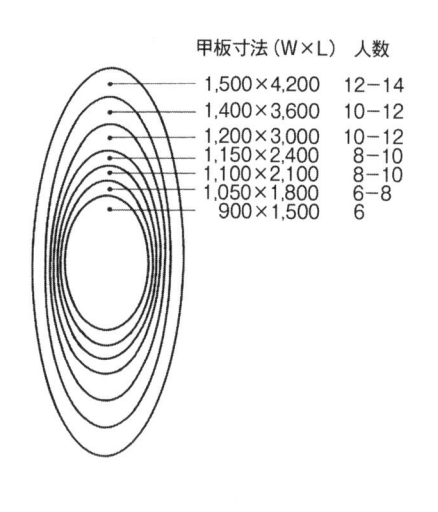

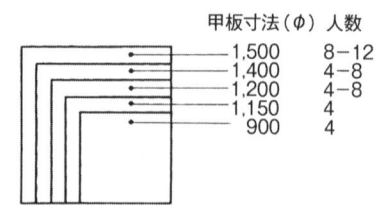

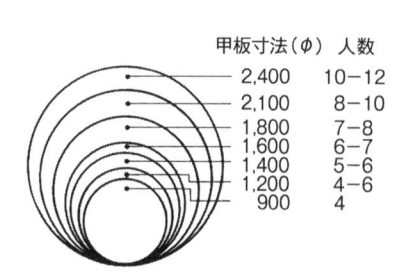

長方形テーブル

甲板寸法（W×L）	人数
1,500×6,000	18-20
1,400×5,500	16-10
1,400×5,000	14-16
1,400×4,200	12-14
1,200×3,600	10-12
1,200×3,400	10-12
1,200×3,000	10-12
1,200×2,700	8-10
1,050×2,700	8-10
1,200×2,400	8-10
1,050×2,400	8-10
1,050×2,200	6-8
1,050×2,100	6-8
900×2,100	6-8
900×1,950	6-8
900×1,800	6
850×1,650	4-6
850×1,500	4-6

楕円形テーブル

甲板寸法（W×L）	人数
1,500×4,200	12-14
1,400×3,600	10-12
1,200×3,000	10-12
1,150×2,400	8-10
1,100×2,100	8-10
1,050×1,800	6-8
900×1,500	6

正方形テーブル

甲板寸法（φ）	人数
1,500	8-12
1,400	4-8
1,200	4-8
1,150	4
900	4

円形テーブル

甲板寸法（φ）	人数
2,400	10-12
2,100	8-10
1,800	7-8
1,600	6-7
1,400	5-6
1,200	4-6
900	4

図3.7　テーブル甲板寸法と人数

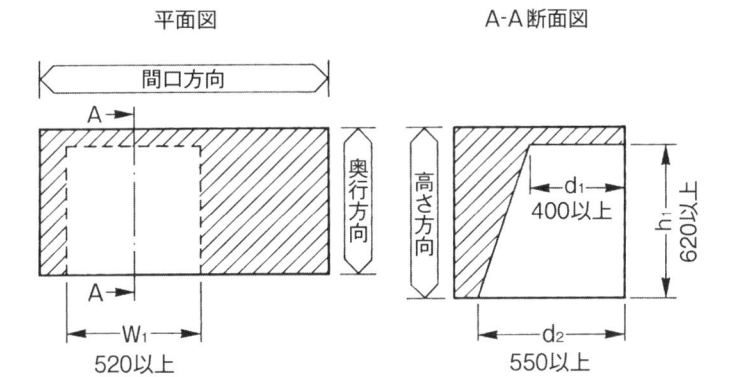

図3.8 机各部の寸法（間口方向寸法400mmのものを除く）

　甲板はテーブルもデスクも作業内容に対応して幅、奥行きなど十分な広さがあって、かつ高さが適切であることが肝要である。椅子に腰掛けた場合の甲板の高さは、椅子の座面高との距離、つまり差尺がキーポイントで、JISで整備されている差尺の標準実用値は図3.4で示すように270～300mmである。この差尺は一定ではなく、作業度が軽減して休息度が多くなるにしたがって小さくなっていくことに注目したい。

3.2.3　収納家具類の寸法と性能

　収納家具と人体寸法との関わりは椅子やテーブルなど他の家具類より小さくなる（表3.1）。

　収納家具の寸法決定は、収納物とインテリアの内法寸法から決められる場合が多いが、JISでは、建物の取り合いを考慮して定めた住宅用収納家具JIS-A4415と、収納する書類などの寸法から決めた事務用ロッカーJIS-S1035でそれぞれの寸法を規定している。収納機能を満足させるためには、収納物の内容分類と収納量、収納方法、使用頻度などに配慮して収納スペースの寸法を決める。また全体の大きさはインテリア空間とのバランスで決定され、使い勝手をよくするためには、視線計画や人間工学的な収納しやすい高さや範囲、収納位置、具体的な棚割りや引出しの位置関係などが重要になってくる（図3.9）。

収納品区分					姿勢
寝具類	AV関連用品	衣料品	食器・食品	書籍 事務用品	脚立が必要
たまに使うもの	たまに使うもの	たまに使うもの	予備食器	たまに使うもの	
旅行用具 予備寝具	保管用品	季節外品	季節外食器	消耗品 ストック	−188cm 手を上に延ばさなければならない領域 153cm
客用寝具	スピーカー 観賞品	帽子	缶詰 中小ビン類	常用書籍	手を肩より上に上げなければならない領域 −125cm
枕・寝巻		衣服・ズボン			
布団	スピーカー テレビ CD/DVD プレーヤー 観賞品	ワンピース ネクタイ 下着	調味料・一般 食品	常用書籍 鉛筆 事務用品	立位で楽に手の届く領域 a −95cm 立位で楽に手の届く領域 b −59cm
予備の布団	保管用品	靴下 和服類	大びん 米びつ 炊事用具	大型ファイル 保存書類	前屈あるいはしゃがむ必要のある領域 しゃがんでさらに腰をこごめなければならない領域
		巾木			
800–900	450–600	450–600	300–450	300–450	

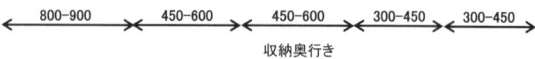

収納奥行き

図3.9 収納品整理位置

　前述してきた機能以外の性能については、キャビネットフレームの強度、収納荷重や扉の開閉維持に関する耐久性の問題、転倒に対する安全性能などが重要で、背の高いものや奥行きの浅い収納家具、積み重ね式、ユニット式などの製品は地震による転倒防止対策を考慮したい。

3.2.4　家具の性能と試験方法

　家具に対する要求性能として機能性能、強度性能と安全性、塗膜性能の三つがあげられる。機能性については前述の寸法と機能のとおりであるが、強度や安定性については、家具フレームの強度や耐久性、使用時の安全性や地震時の転倒防止のための処置などが求められ、図3.10に示すようなJISによって定めた試験方法がある。塗膜性能は、家具表面を保護する仕上面の性能で、塗膜の硬度や耐水、耐薬品性などの項目による性能試験法がJISにより整備されている。

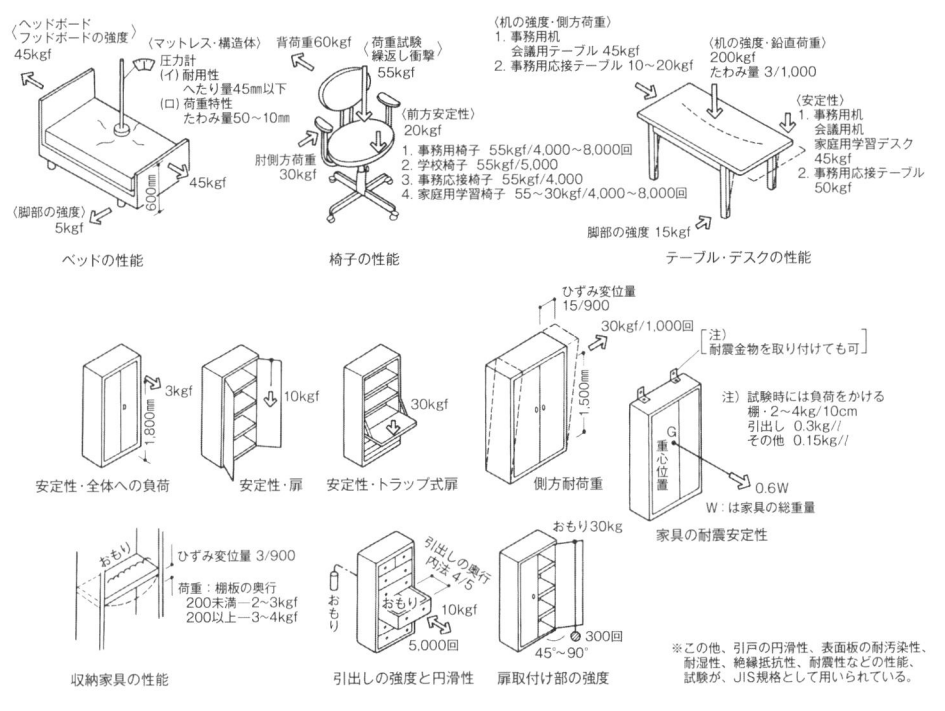

図3.10　家具の性能と試験方法（小原二郎・他著「インテリアの計画と設計」彰国社）

3.3　家具の種類

　家具は機能別に分類されるほか、さらに使用目的によっていろいろな種類やデザイン、様式、形状ごとに分けられている。また寸法や使い勝手も用途によって異なり、椅子を例にあげれば、作業用から休息用まで6段階の基準がJISによって整備されている（図3.3参照）。ここでは一般名称に基づいて、もっとも基本的な家具の種類と機能について述べるが、具体的な大きさや寸法については「3.3.6　家具の居室別リスト」を参照されたい。

3.3.1　椅子、ベッド類の種類

　作業用の椅子から就寝用のベッドに至る間には、図3.1の人体系4の仕事椅子から1のベッドに示すようにいくつかの機能的段

3.3　家具の種類　53

階がある。寸法的には、作業量が段々少なくなって休息度が増加するにしたがい、座面高が低くなって背の傾斜角度が大きくなる。そして最後にもっとも休息度の大きいベッドとなる。ちなみに椅子、ベッド類の種類をあげると次のようなものがある。

　ストゥール　ベンチ　サイドチェア　アームチェア　ラウンジチェア　ソファ　シートユニット　ロッキングチェア　フォールディングチェア　スタッキングチェア　スウィーブルチェア　シングルベッド　ダブルベッド　二段ベッド　ベビーベッド

(1) ストゥール

　一般に背のない椅子がストゥールで、座面は平たくて長方形、円形など小型のものが多い。脚は通常4本であるがほかに板脚、X脚、1本脚回転式などがある。用途は化粧用、ピアノ用、作業用、補助用として使われる。呼び名が変わるものにラウンジチェアとペアーで用いるオットマンがあり、ほかにカウンター用の座の高いバーストゥールがある（写真3.1）。

写真3.1　ストゥール

(2) ベンチ

　背付きの簡便な3人掛けの椅子。ストゥールを幅広にした背なしのベンチもある。座面は板張りまたはクッション張りなどで玄関ホール、各種待合室、展示場などの休息用に使われる。公園など屋外に置く場合には木製、金属製、プラスチック製、陶磁器製など耐候性のあるものが装備される（写真3.2）。

写真3.2 ベンチ

(3) サイドチェア（小椅子）

　背の付いた小型の椅子で、多目的にもっともよく使われ、デザイン、形状、材質など多品種にわたる。座と背はクッション張り、籐張り、成型合板などで、脚部は4本脚が一般的であるが、カンティレバー構造で後脚のない形態のものもある。また回転式の場合には1本脚形式となる。

　サイドチェアは用途が広く食事、喫茶、打合せ、会議用など、住宅やオフィス、商業、公共空間など、一般に広い範囲で使用される。機能的な基準寸法はJISで整備されている作業用が適用され、座面高が370〜400㎜、座と背の角度が100〜105°が標準的数値である。また用途上テーブルにセッティングして使われるのが普通で、その場合テーブル甲板と座面高との差尺は280〜300㎜を標準寸法としたい（図3.2参照）。

写真3.3 サイドチェア

(4) アームチェア（肘掛け椅子）

　サイドチェアよりは大型で肘付きとなる。またサイドチェアそのものに肘を取り付けた量産システムによる製品もある。デザイ

3.3 家具の種類

ンや形式、仕様などはサイドチェアに準ずるが、用途的には食事、待合、接客、会議用などに使われ、機能的にはサイドチェアよりも休息度が高くかしこまった場で用いられるケースが多い。寸法的には座面高が若干低く、背の傾斜角も幾分大きくなる。肘の高さは座位基準面から180～200mmの高さが適当である（写真3.4）。

写真3.4　アームチェア

(5) ラウンジチェア（安楽椅子、応接椅子）

　大型の張り包み椅子である。住宅ではリビングスペース、公共空間ではラウンジ、ロビー、応接室などで使われる休息度の高いもので、アーム付きとアームレストがある。機能的にはゆったりとした寸法と快適なクッション性が求められ、座面の高さは300～400mmのローシーティングとなり、背もたれも大きく倒れて115°前後に傾斜する（写真3.5）。

写真3.5　ラウンジチェア

(6) ソファ（長椅子）

　形状はラウンジチェアと同形となる大型の張り包み椅子で、間口が3人掛けと広くなる。2人掛けソファはセッティが正式名で

あるが、ラブシートの別名でも呼ばれ、近年リビングスペースで多く用いられるようになった。ソファは通常同一のデザインのラウンジチェアと組み合わせて配置されるが、この組み合わせ家具配置の手法については「5.1 インテリアの家具配置」の項を参照されたい（写真3.6）。

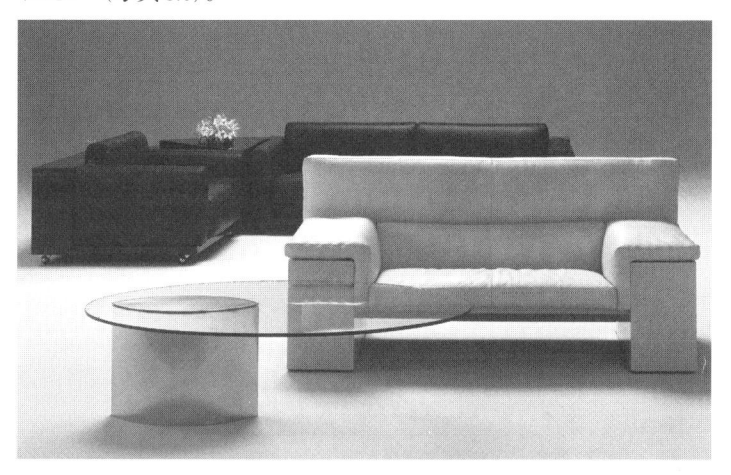

写真3.6 ソファ

ソファに特殊機構を内蔵させて背を水平に倒し、ベッドにも使える兼用家具にソファベッドとハイダーベッドがある。これは主にホテルの客室で使用される。

(7) シートユニット（セクショナルチェア、セパレートチェア）

ラウンジチェアをシステム化したもので、シートの種類に片側アームシート（左右）、アームレスシート、コーナーシートがある。家具配置に当たっては、使用目的に応じていくつかのシートを組み合わせてローシーティングを構成する。

たとえば図3.11のように、①右アーム・②アームレス・③左アームの組合せは3人掛けソファとなり、①右アーム・②アームレ

ス2脚・④コーナー・②アームレス・③左アームを組み合わせればL型配置のローシーティング（L型ソファ）となる（写真3.7）。

ユニットに奥行きの変化も持たせ、さらに個性的な配置が可能なデザインのものもある。

3人掛けソファ　　　　　L型ソファ

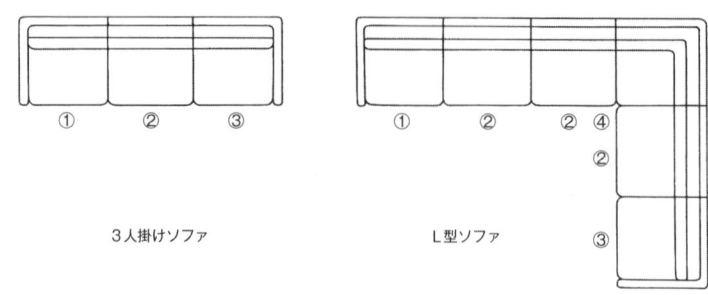

図3.11　シートユニットの組合せ

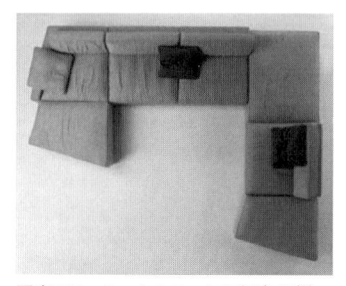

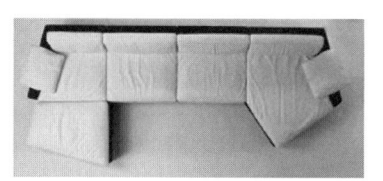

写真3.7　シートユニットの組合せ例

(8) ロッキングチェア（揺れ椅子）

アームチェアの脚先に湾曲部材を取り付けたロッキング機構の椅子で、個人使用のパーソナルチェアである。性能的にはくつろぎのための休息度が高く、寸法は大型だが座面は低く、背もたれの傾斜はアームチェアよりも大きい（写真3.8）。

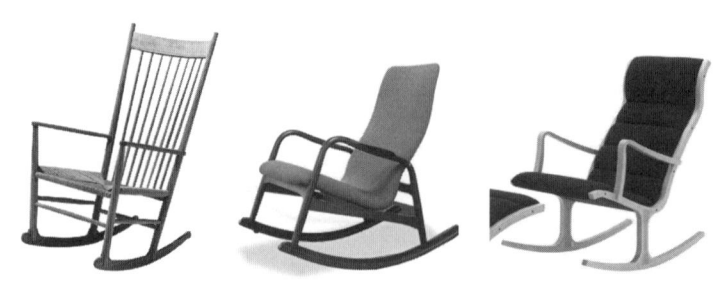

写真3.8　ロッキングチェア

(9) フォールディングチェア（折畳み椅子）

折畳み機構をもつ軽快感のある椅子で、使用しないときには折り畳んで収納する簡便なものである。折り畳んだ状態が平らで薄くなるほど収納効率が高くなるが、機構的には、座を回転させて椅子フレームを逆Y字形に開閉する普及型のタイプと、左右の脚をX形のクロスステーで開閉する機構のものとがある。後者に背と肘がついた椅子はディレクターズチェアの名でよばれる。X形に脚部を開閉する機構のものは、古くはギリシャ時代のストゥールに見ることができる（写真3.9）。

写真3.9　フォールディングチェア

(10) スタッキングチェア（積重ね椅子）

サイドチェアを積重ね可能な椅子フレームに構成したのがスタッキングチェアで、積重ね方法に垂直方式と斜め方式とがある。数脚だけの少数重ねで十分な住宅用のものは、前述のサイドチェアと同形態に近いが、宴会場や特設会場などパブリック用で多数使用するスタッキングチェアは、10脚から40脚くらいをドーリー（台車）に乗せて積重ね、これを搬送してそのまま倉庫に格納する形式をとる。

その際積重ね体積は小さいほど効率がよく、材質的には金属フレームにプラスチックシートなど軽快につくられたスタッキングチェアが多い（写真3.10）。

写真3.10　スタッキングチェア

(11) スウィーブルチェア（回転椅子）

　住宅では学習、書斎用のほか化粧、家事用にも使われ、公的には、オフィス使用に欠かせないのがこの回転椅子で、ビジネス全域のオフィス空間で用いられる。

　機能面では人間工学的な側面が重視され、JISによる基準寸法が整備されている。形式や寸法、機能ランクに、サイドチェア、アームチェア、ハイバックチェアがある。座および脚部の機構は、座と背全体が体重を傾けると後に傾くロッキングシステム、背もたれだけが背圧で自由に動くティルティングメカニズムなどがある。脚部は支柱内の座面高の上下調整と回転機構を装備したりする。なお床に接する支柱下脚はキャスター付きの場合が多いが、近年はスパイダー（下脚）を5本にして安定性を高めている（写真3.11）。

写真3.11　スウィーブルチェア

(12) シングルベッド

　シングルベッドの寸法は、一般にマットレス寸法でよばれ標準寸法は間口900㎜、幅広で1,050㎜、長さは1,950㎜で統一されている。ベッドの構造は、ヘッドボードを取り付けた下台にマットレスが乗せられるが、下台はスプリング内蔵のものと有孔ボードや簀の子状のものがある。マットレスは通常コイルスプリングを縦横にセッティングしこれを連結した構造で、キルティング布で張り包まれる。

　ベッドメークの付属品としてはベッドパット、シーツや毛布、ベッドスプレットおよびピローがあげられる。

(13) ダブルベッド

　２人用のダブルベッドの幅は1,300㎜のフルサイズ、1,500㎜のダブルサイズがある。長さの標準寸法は1,950㎜で、構造および付属品についてはシングルベッドと同じである。

(14) 二段ベッド

　省スペースを目途としてシングルベッドを二段重ねした子供用ベッドである。構成は枠組み構造で、上下段にボード床を設けてこれに簡便なマットレスを落とし込んだものである。上段への昇降は簡単な梯子段で行うが、上段床までの高さはJISで1,200㎜以下と定められている。

3.3.2　テーブル、デスク類の種類

　作業をしたり物を乗せたりするトップカウンターが主要素で、テーブルは食事や会議目的に用いられるが、デスクは、学習やビジネス全域で使われるので、甲板と書類、文具などの収納機能要素を装備している。テーブルとデスク類の種類には次のようなものがある。

　　ダイニングテーブル　エクステンションテーブル　フォールディングテーブル　サービスワゴン　カンファレンステーブル　コーヒーテーブル　コーナーテーブル　カードテーブル　三面鏡化粧台　平机　片袖机　両袖机　Ｌ型机　脇机　デスクユニット　ライティングビューロー

(1) ダイニングテーブル（食堂卓子）

　食事の形式により甲板の形には長方形、正方形、円形および楕円形などがある。甲板の大きさは使用人員によって決まるが、1人当たりおよそ600mm以上の幅員が必要である（写真3.12参照）。脚部は一般的な4本脚のほかに1本脚、台座また稀に板脚などがある。甲板の高さは食事目的に適した680〜700mmが機能寸法であるが、食事（軽作業）にふさわしい椅子座面との差尺が重要で、通常この寸法は270〜300mmとなる。

(2) エクステンションテーブル（伸長卓子）

　人数の増減に応じて甲板の長さを伸縮できる機能を備えたダイニングテーブルである。機構的には左右の甲板がスライド開きし、中央に伸長甲板が納まるようになっている。ほかには補助甲板の端に蝶番で吊るし、使用時これを水平に上げて甲板面を広くするバタフライテーブルなどがある（写真3.12）。

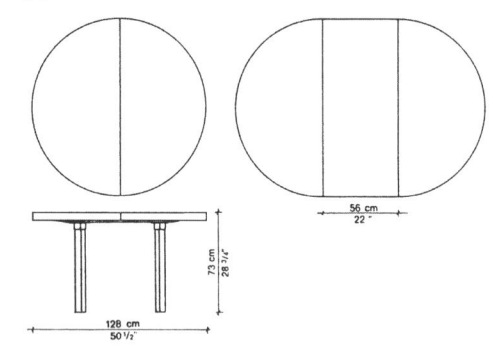

写真3.12　エクステンションテーブル

(3) サービスワゴン

　簡単なものはフレームに乗せたトレーだけのものもあるが、下部に収納機能を備えたキャビネットタイプのものもある。普通大きな車輪かキャスターが付いている。

(4) カンファレンステーブル（会議卓子）

　打合せまたは会議用テーブルで、甲板の形は一般に長方形が多い。ほかに楕円形や大型になるとボート形のものもある。使用人員と大きさとの関係は図3.4に見られるとおりであるが、1人当たりの幅員は、600mmが一般レベルで、役員レベルの場合には800〜850mmの幅員をとりたい。脚部は4本脚、1本脚、台座な

どで、甲板の高さは700mm、椅子座面との差尺は300mmが標準寸法である（写真3.13）。

写真3.13　カンファレンステーブル

(5) コーヒーテーブル（メインテーブル、センターテーブル、茶卓子）

　休憩や喫茶目的のための低めのテーブルである。普通リビングセットや応接セットに組み合わされて中央に置かれる大型のメインテーブルで、甲板の形には長方形、正方形、円形、楕円形などいろいろな形状がある。なおこれらの形は応接セットの家具配置に一番ぴったりするものが選ばれる。脚部は4本脚、1本脚、板脚、台座などで、甲板の高さは低く、椅子座面と同じかもしくは100mm上がりで、およそ高さの範囲は350～450mmくらいを標準とする（写真3.14）。

写真3.14　コーヒーテーブル

3.3　家具の種類

(6) サイドテーブル（コーナーテーブル、脇卓子）

　リビングセットや応接セットに組み合わされる小型のテーブルで、ソファやラウンジチェアの傍ら、あるいは壁面に沿って置かれ、飲み物や雑誌を載せたり電話台、花台としても使われる。甲板は正方形、長方形、円形などで、脚はコーヒーテーブルと同じデザインのものが多い。高さは350〜550mm前後で、コーヒーテーブルと同じ高さのものから椅子の肘の高さに等しいものまである。

　このほか独立して置かれる比較的高めのサイドテーブルは装飾用、置台、電話台、花台など多目的に使われる。また三つ同型で大中小が入れ子になって重なるものにネストテーブルがあるが、これはリビングで補助用サイドテーブルとして使用される（写真3.15）。

写真3.15　サイドテーブル

(7) カードテーブル

　リビングやファミリールームに置かれるカード遊戯用のテーブルで、通常甲板は正方形で4人用。甲板に羅紗が貼られ、脚部四隅のコーナーにカードを入れる引出しをもつものもある。

(8) ナイトテーブル

　ベッド際に配置されて電話やテーブルランプ、そのほか小物などを乗せるための小型寝室用テーブルである。高さはベッドと同じか若干高め程度で、下部の構成は脚だけのものとキャビネット形式のものとがある（写真3.16）。

写真3.16　ナイトテーブル

(9) 三面鏡、化粧台

　化粧カウンターと化粧品収納引出しを装備した化粧用家具で、カウンター上に3枚合わせの鏡をもつものを三面鏡、1枚鏡をもつものを化粧台とよぶ。カウンター面の高さは650〜700mmで、膝の入るスペースにストゥールまたは背板付きの小椅子が納まると機能的に都合がよい（写真3.17）。

写真3.17　三面鏡

(10) 机（デスク、ライティングテーブル）

　デスクの機能構成は学習や事務作業をするための甲板面と、文具などを収納する引出しとを装備している。住宅では子供用の勉強机と書斎用デスクがあるが、成長期にある子供用は高さ調整装

置付きのものが多い。一般成人用デスクの高さは図3.3に示すとおりであるが、甲板面の大きさについてはJISによって規格寸法が整備されている（写真3.18）。

写真3.18　ライティングテーブル

　甲板の下に浅い引出しが付いているものを平机とよび（写真3.19）、収納部分が袖形式になると次に述べる片袖机、両袖机へとバリエーションが増える。

(11) 片袖机（シングル　ペデスタルデスク）

　片側に引出し袖をつけた比較的小型のデスクで、使い勝手によって左袖、右袖のどちらかを選択できる（写真3.20）。

(12) 両袖机（ダブル　ペデスタルデスク）

　左右両面に袖をもつ中型から大型のデスクで、小引出しやファイル引出しが組み合わされた袖にはいろいろなタイプがあり、必要に応じて選択することができる。左右の袖の間がニースペースとなるので、ここの間隔は最低600mm以上はほしい（写真3.21）。

(13) L型机（Lシェープドデスク）

　両袖机の片側の袖代わりに補助甲板（リターン）をL型に取り付けたデスクで、その上にワープロや電話などを乗せられる。補助甲板の下は膝が入るようにオープンにしたものと、収納キャビネットを付けたものとがある（写真3.22）。

写真3.19 平机

写真3.20 片袖机

写真3.21 両袖机

写真3.22 L型机

(14) 脇机（サイドデスク）

片袖机や両袖机の傍らに置かれる補助的なもので、甲板と引出し付きの袖をもつ。デザインは主机に準じたものが多い。

(15) デスクユニット（組合せ机）

甲板、脚部、袖引出し、収納棚などの機能ユニットを使用目的に応じて選び、これらを組み合わせてデスク機能をもたせたユニットタイプのデスクである（写真3.23）。

写真3.23　デスクユニット

(16) ライティングビューロー

キャビネットタイプの筆記机で、上部の横長扉を手前に引き倒し、平らになった扉裏を筆記台として利用する。キャビネットの上下に収納スペースや書棚をもっている（写真3.24）。

写真3.24　ライティングビューロー

3.3.3　収納家具類の種類

　収納家具とは衣類、居間小物、書籍、食器などを整理し収納するための家具類で、同一グループをセットで供給したり、単品で供給したりする移動可能な置き家具である。これに対し収納ユニットは、建築エレメント的な構成方式をとっている。つまりシステム化した側パネルや棚板、ボックスなどの部品群を工場生産し、使用する場所で組み立てて壁面構成するシステムである。収納家具と収納ユニットの種類には次のようなものがある。

　洋服箪笥　整理箪笥　衣装箪笥　ブレザー箪笥　ロッカー箪笥　ベビー箪笥　飾棚　書棚　ＴＶボード　食器棚　収納ユニット

(1) 洋服箪笥

　洋服箪笥は、整理箪笥や衣装箪笥と一緒に婚礼セットとしてわが国では供給される場合が多い。機能的には洋服を掛ける収納スペースと下部引出しおよび扉とで構成されている。幅員は整理箪笥や衣装箪笥と同一にした場合と、洋服箪笥だけ特別に広くし1,400mm幅で3枚扉付きなどとしたものがある。内部の奥行きは内法で520mm以上必要で、ハンガーパイプの高さは1,600mm前後が使いやすい（写真3.25）。

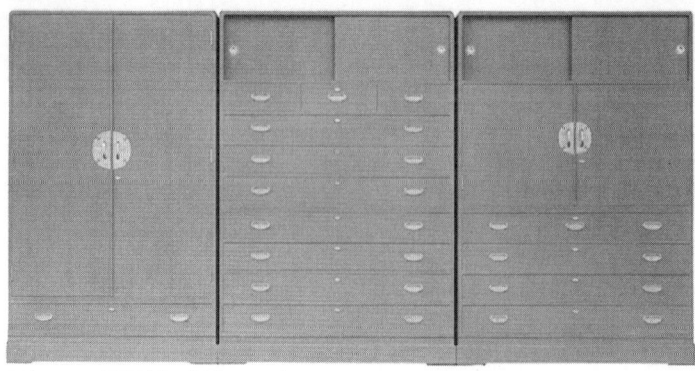

写真3.25　総桐箪笥（婚礼セット）

(2) 整理箪笥

　整理箪笥は上下2段重ねで構成されている。下部から中段にかけては整理用大引出しを配し、最上部に扉付きの棚をもつ。寸法的には高さ奥行きとも洋服箪笥に揃えている場合が多い。

(3) 衣装箪笥

　2段重ねで構成され、下段には大引出しを配し、上段には扉内部に和服の収納トレーを備えた和装箪笥である。寸法は洋服箪笥に揃えている。

(4) ブレザー箪笥

　上衣コートを主にしてハンガーパイプを低く配した洋服箪笥。洋服掛けの上下左右のスペースに小物棚をたくさん配備し、洋服掛けと小物整理機能を兼ね備えた箪笥である。

(5) ロッカー箪笥

　寸法的には間口の狭い1人用のもので補助的機能をもつ洋服箪笥。デザインはメインの洋服箪笥に準ずるものが多い。

(6) ベビー箪笥

　下段に衣類引出し、最上部に小引出しまたは小物棚をもつ小型の整理用箪笥。背丈が低く奥行きも比較的浅めである。

(7) 飾　棚

　美術工芸品や趣味の品を飾る飾棚には、単品で小型のものと壁面構成のできるシステム的な大型ものとがある。前者は背が低く横長で硝子扉と引出しなどをもつサイドボードタイプで、後者は全体に背が高く幅広で、下段に引出しや扉付き収納棚をもち、上

段にオープン棚や硝子扉をもつ2段重ね横並べ可能な大型飾棚である（写真3.26）。

写真3.26　飾棚

(8) ＴＶボード

　ディスプレーが薄型になる一方で大型化しており、映像と音響設備の一体化も一般的になっている。録画設備類等の収納ばかりでなくＣＤやＤＶＤ等のメディアの収納の量も考慮する必要がある（写真3.27）。図3.12に代表的なディスプレーの大きさの例を示した。

写真3.27　ＴＶボード

3.3　家具の種類

65インチ

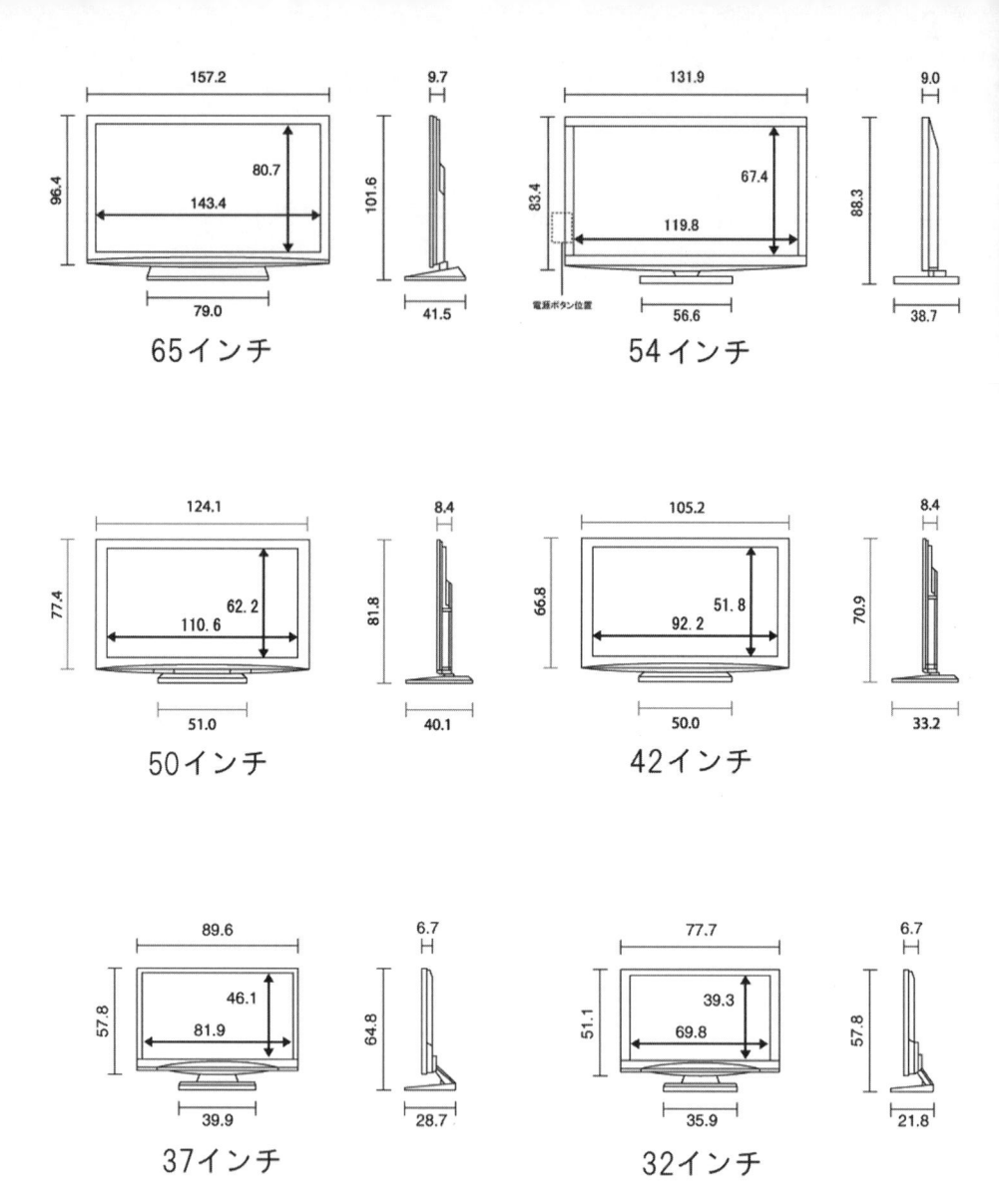

54インチ

50インチ

42インチ

37インチ

32インチ

図3.12　TVサイズ

(9) 書　棚

　簡便なものは機能本位の本棚や書架で、扉が付かず棚板のみをもつ。高級品はデザイン的にも品質的にも装飾性が高まってくる（写真3.28、図3.13）。

写真3.28　書棚

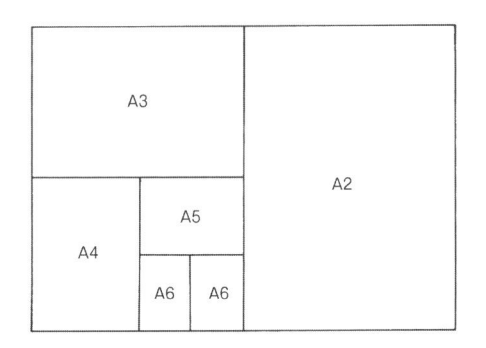

A0　841×1,189
A1　594×　841
A2　420×　594
A3　297×　420
A4　210×　297

B0　1,030×1,456
B1　728×1,030
B2　515×　728
B3　364×　515
B4　257×　364

B5　182×257
A5　148×210
B6　128×182
A6　105×148

図3.13　書籍寸法

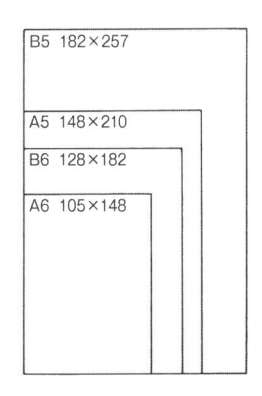

3.3　家具の種類

(10) 食器棚

　大きさには種々あるが形態的には上下2段重ねが多い。下段に引出しと収納棚、上段には扉付き収納棚を配したものが一般的な形式で、奥行きは比較的浅く下段420mm、上段300mm前後である。棚板は収納する食器寸法に合わせて上下自在に移動できることが望ましい。

　ダイニングとキッチンの境に設置して間仕切り機能をもたせた食器棚にハッチカウンターがある。これは、機能的には上下段が食器収納となっており、中段に設けられたカウンターでは両側から料理や食器の出し入れができるもので、使わないときには引戸で閉ざす機構になっている。

(11) 収納ユニット

　システム化された側板パネルや棚板、ボックス部分などを工場で生産し、これらの部品を使用現場に搬送して組み立てるいわば壁面構成によって収納スペースをつくるのが収納ユニットである。構成方法によってパネルタイプ、ボックスタイプ、パネル＋ボックスタイプおよび収納壁タイプに分類される。

　パネルタイプは最初に側板パネルを建て込み、ついで地板や天板を固定して棚板、引出し、扉などの部品で壁面構成する。ボックスタイプは棚や引出し、扉などの付いたボックスユニットを、使用場所で横に並べ縦に積み重ねて組み立てる。パネル＋ボックスタイプは、現場で側板パネルに複合機能のボックスユニットをオープン棚、扉などと一緒に組み立てて構成する方法がとられる。最後の収納壁タイプは、壁で囲まれた押入れのような場所にビルトインする収納ユニットで、流通的には建材ルートで生産供給される（図3.14、図3.15）。

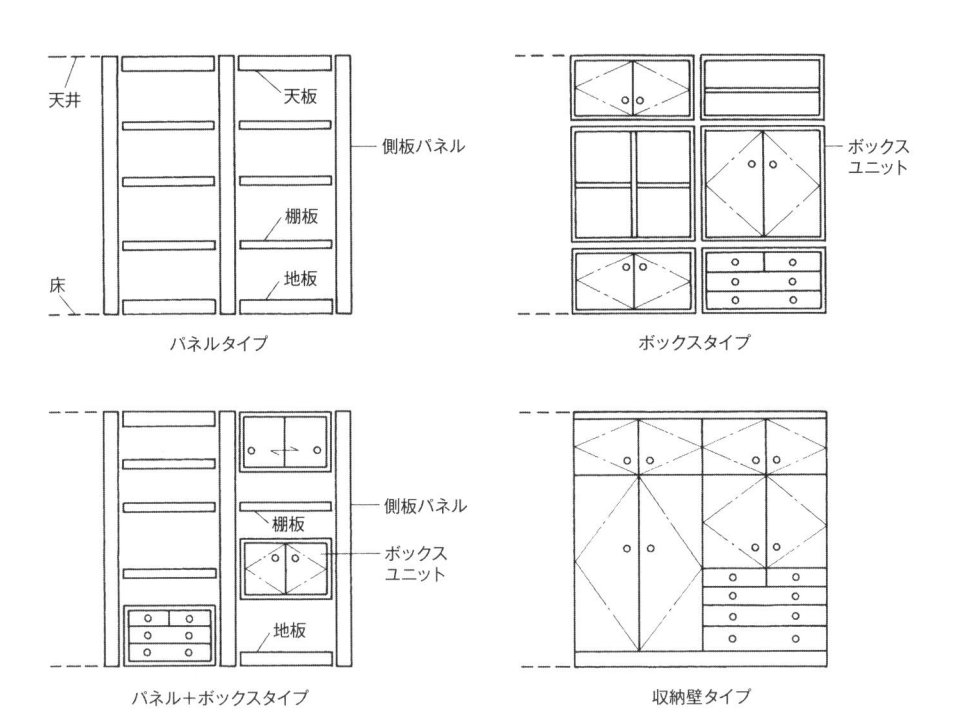

図3.14 収納ユニットの構成方法

パネルタイプ

ボックスタイプ

パネル＋ボックスタイプ

収納壁タイプ

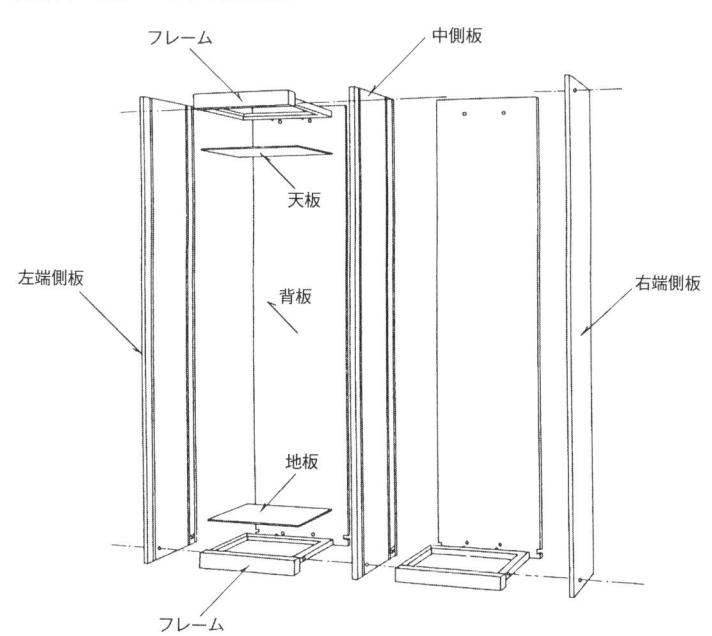

図3.15 収納ユニットの部位名称

3.3 家具の種類

3.3.4 造作家具類の種類

　住まいにおける用途空間は、次のような基本的な機能ゾーンに分類される。
- エントランスゾーン／出入口、各室への連絡
- リビングゾーン／くつろぐ、生活リビング、接客、趣味
- ダイニングキッチンゾーン／食事、調理
- プライベートゾーン／就寝、更衣、書斎、子供室、教養、趣味
- サニタリー家事ゾーン／化粧、サニタリー、家事作業

　各ゾーンでは、それぞれの生活行為が快適に行えるように、人間工学的な動作寸法に基づいて物や生活道具との寸法関係、インテリア空間の計画へと寸法を落とし込んでいくことが大切であろう。各ゾーンで行われる生活や作業行為には、それぞれの道具や物、生活用品を伴っている。

　ここでは各ゾーンの生活用品を収納する造作家具を取り上げ、生活行為の動作寸法と参考となるデザイン事例で機能、寸法、ディテールや納まり、仕様などについて解説する（図3.9参照）。

　近年、造付け家具といえども、現地で加工し、組み立てる工法は数少なくなっており、基本的な構成部材のほとんどは工場にて製作され、調整部材などを取り付けることで所定の場所に組み込むような施工を行っている。なお、これら調整部材そのものもデザイン時点で考慮することが肝要である。

　ところで、造作家具の部材あるいは部品を組み合せる際に使用する家具金物は、機能に合わせて多種多様になっており、金物の基本的な使用法あるいは納まりなどについての理解が必要である。たとえば、引出し前板幅と内法の幅の差は使用するスライドレールによって異なってくる。また、扉のヒンジもスライド丁番の使用が一般的になっているが、扉の開き方や重量によって、選ぶべきヒンジが異なってくるので配慮が必要である（図3.16）。

主な家具金物		備　考
スライドレール	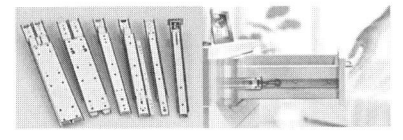	引き出しの動きがスムーズ、セルフクロージングやプッシュオープンなどの機能的な製品もある
スライド丁番		かぶせ扉用のアウトセットタイプと側板を見せるインセットタイプがある。いずれも丁番自体が外から見えない
棚受け	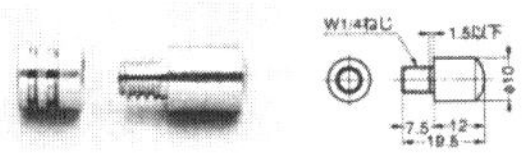	樹脂製、金属製、木製などの材質があり、棚に乗せる重量を考慮する必要がある
締結金具	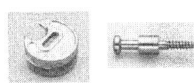	家具の構造、材質に合わせて選定する必要がある。うまく活用すれば合理的な組み立てができる
ラッチ、キャッチ		保持に必要な引き寄せ強さを考慮すること
錠前		取付け方に注意
ステー		取付け方に注意
脚端部品		用途と家具の構造に合わせて選定
配線孔		用途と配線の数などに合わせて選定
汎用品		用途と家具の構造に合わせて選定
家具照明		家具の構造と配線方法を考慮すること

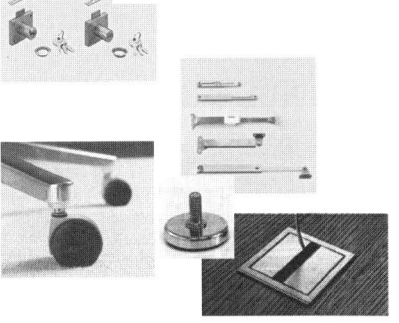

図3.16　主な金具金物

3.3　家具の種類

(1) エントランスゾーン

a. エントランスの動作寸法

ここに掲げた人体の寸法は、成人男女の平均身長による一般的な動作に必要な寸法である（図3.17参照）。

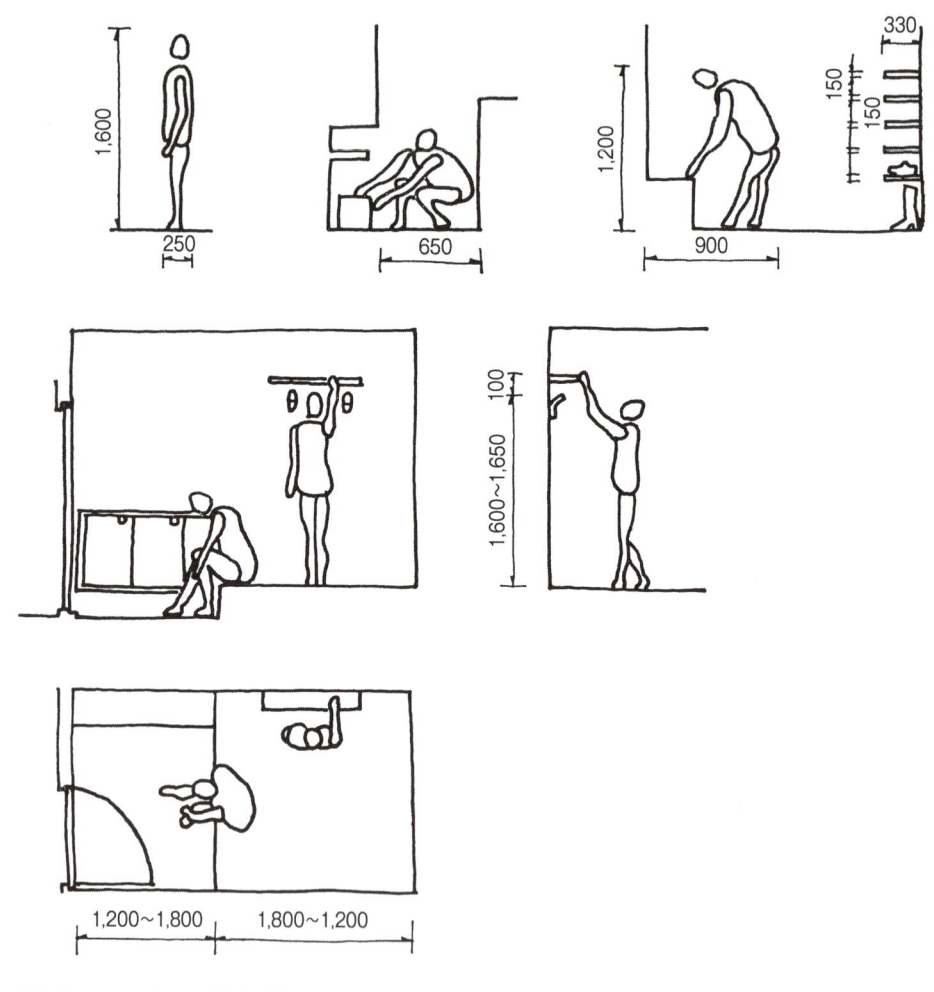

図3.17 エントランスの動作寸法

b. 傘とステッキ、履物入れの設備寸法

履物は靴、ブーツ、サンダルなど種類により、高さが異なり、また家族の年齢によっても大きく異なるため、上下棚板の間隔は可動式が望ましい。靴1足当たりの幅は約200mm、奥行きの内法寸法は320mm以上、上下の棚板の間隔は150〜350mm（図3.18参照）。

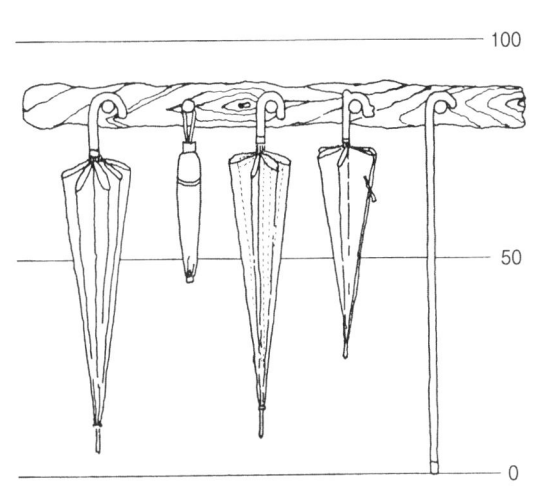

傘とステッキの収納

下駄箱基準寸法（4人家族）と履物寸法

図3.18　玄関設備の寸法

主な仕様／額縁：ホワイトオーク練付け CL仕上げ
鏡　　：厚み5mm
取付け下地：コンパネ t＝12

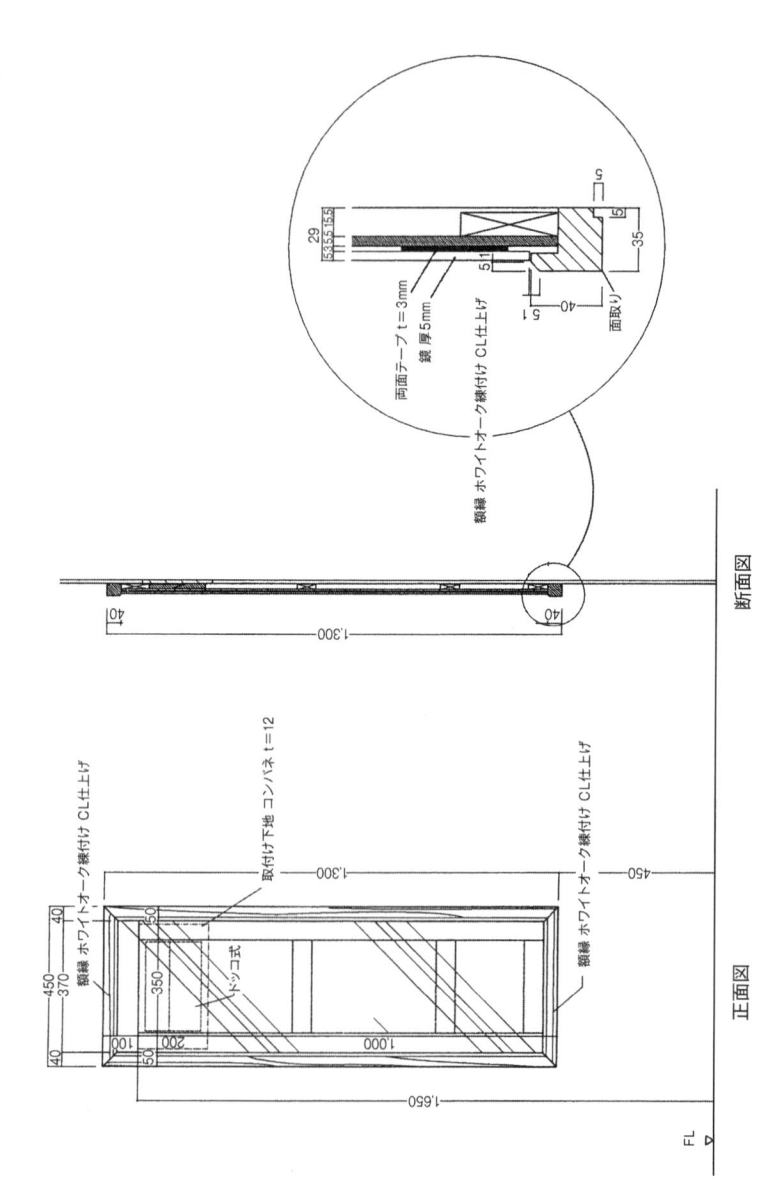

図3.19　壁付き鏡（A）

主な仕様／額縁：ナラ無垢材 CL仕上げ
鏡：厚み5mm
取付け下地：コンパネ t=12

引掛け桟　木ねじ　合板6mmt

鏡 厚5mm
(1,450×570×5t)

ナラ材 CL仕上げ

断面詳細図

正面詳細図

側面図

正面図

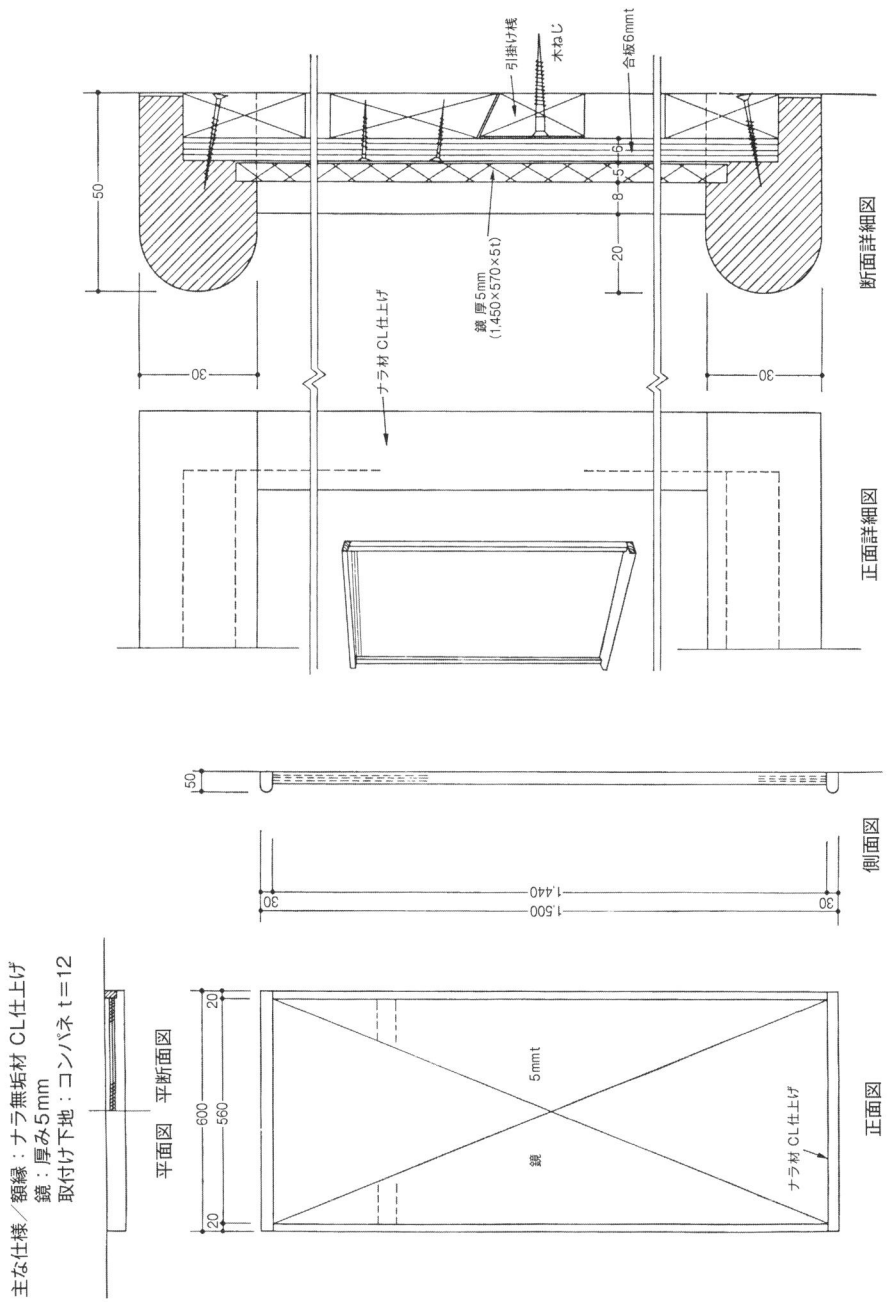

平面図　平断面図

図3.20 壁付き鏡（B）

3.3 家具の種類

主な仕様／甲板：ナラ集成材 厚30mm ウレタンクリア塗装
　　　　　内部：ポリ合板貼り
　　　　　棚板：ポリ合板フラッシュ 厚20mm

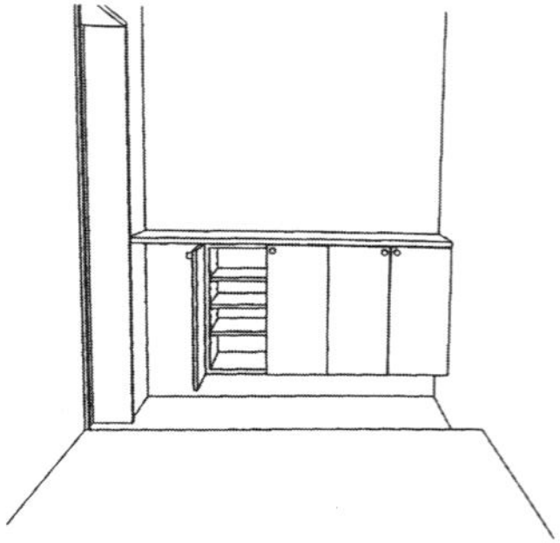

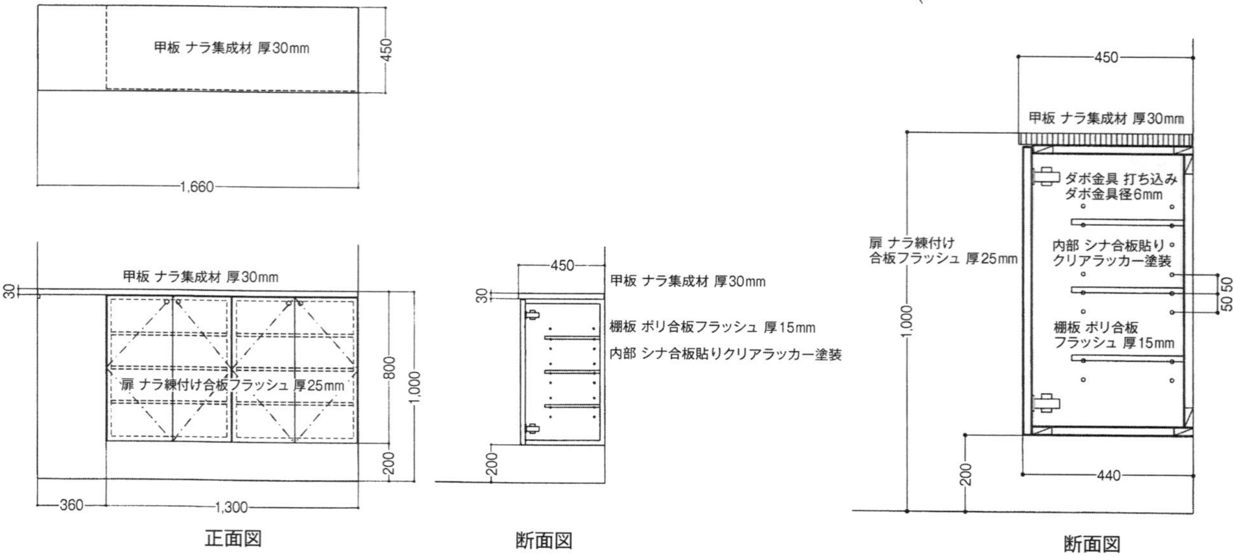

図3.21　下駄箱（A）

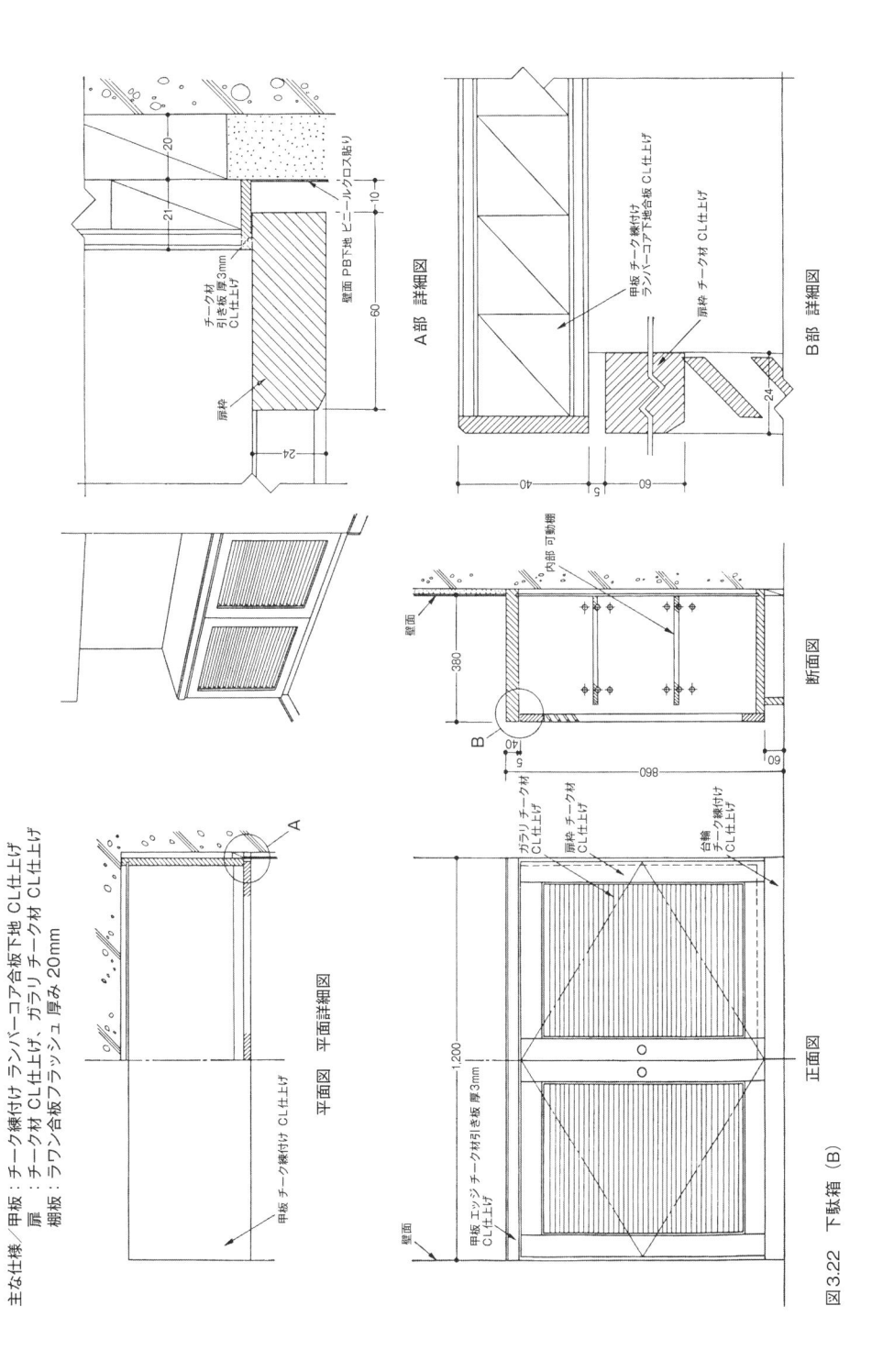

主な仕様／甲板：チーク練付 ランバーコア合板下地 CL仕上げ
扉：チーク材 CL仕上げ、ガラリ チーク材 CL仕上げ
棚板：ラワン合板フラッシュ 厚み20mm

A部 詳細図

チーク材 引き板 厚3mm CL仕上げ
壁面 PBT下地 ビニールクロス貼り
扉枠

B部 詳細図

甲板 チーク練付 ランバーコア下地合板 CL仕上げ
扉枠 チーク材 CL仕上げ

平面図 平面詳細図

甲板 チーク練付 CL仕上げ

断面図

壁面
内部 可動棚

正面図

甲板 チーク材 CL仕上げ
扉枠 チーク材 CL仕上げ
台輪 チーク練付 CL仕上げ
甲板 エッジ チーク材引き板 厚3mm CL仕上げ
壁面

図3.22 下駄箱（B）

3.3 家具の種類

図3.23 飾棚

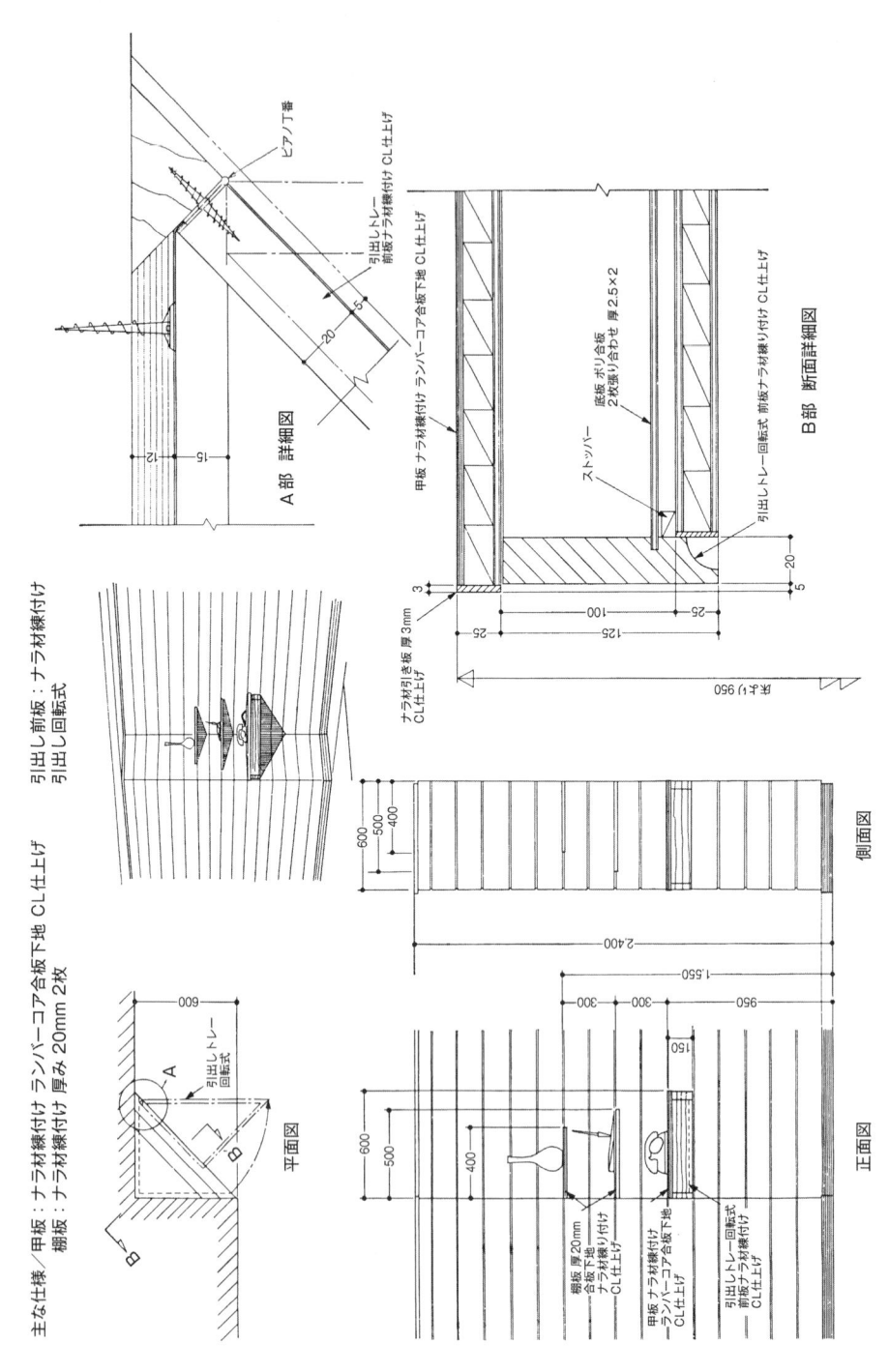

(2) リビングゾーンの動作寸法

　本来の用途はくつろぎのための空間となるのでファミリーユースの場合はゆとりのある寸法としたい。また、液晶テレビなどの大型家電をはじめとしたオーディオビジュアル機器の種類も多く、それらの収容、配線などへの配慮が必要になっている。

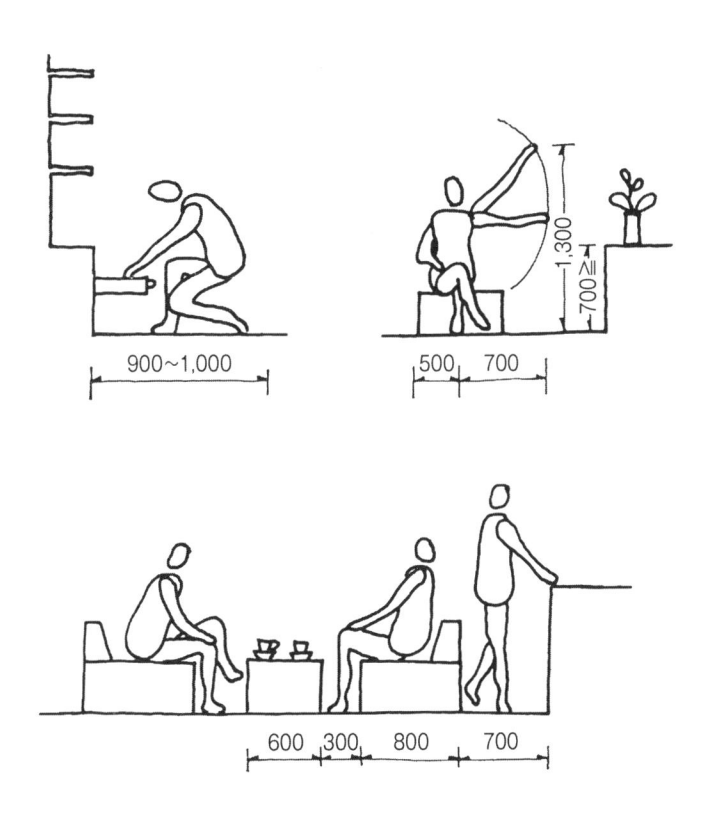

図3.24　リビングの寸法

主な仕様／甲板：シナ合板下地ポリウレタン塗装（ランバーコア）
内部：ポリ合板貼り
扉：扉枠サクラ材ウレタン塗装、透明ガラス 厚5mmはめ込み、上部扉鏡板シナ合板下地ウレタン塗装
棚板：透明ガラス 厚8mm

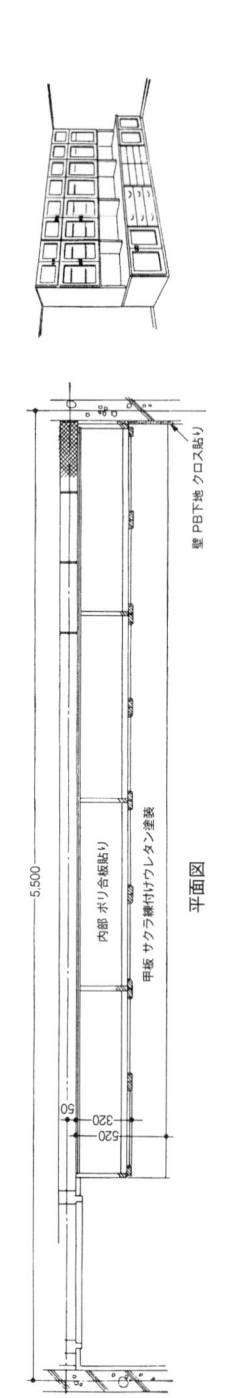

図3.25 飾棚

第3章 家具の分類、寸法と性能、種類

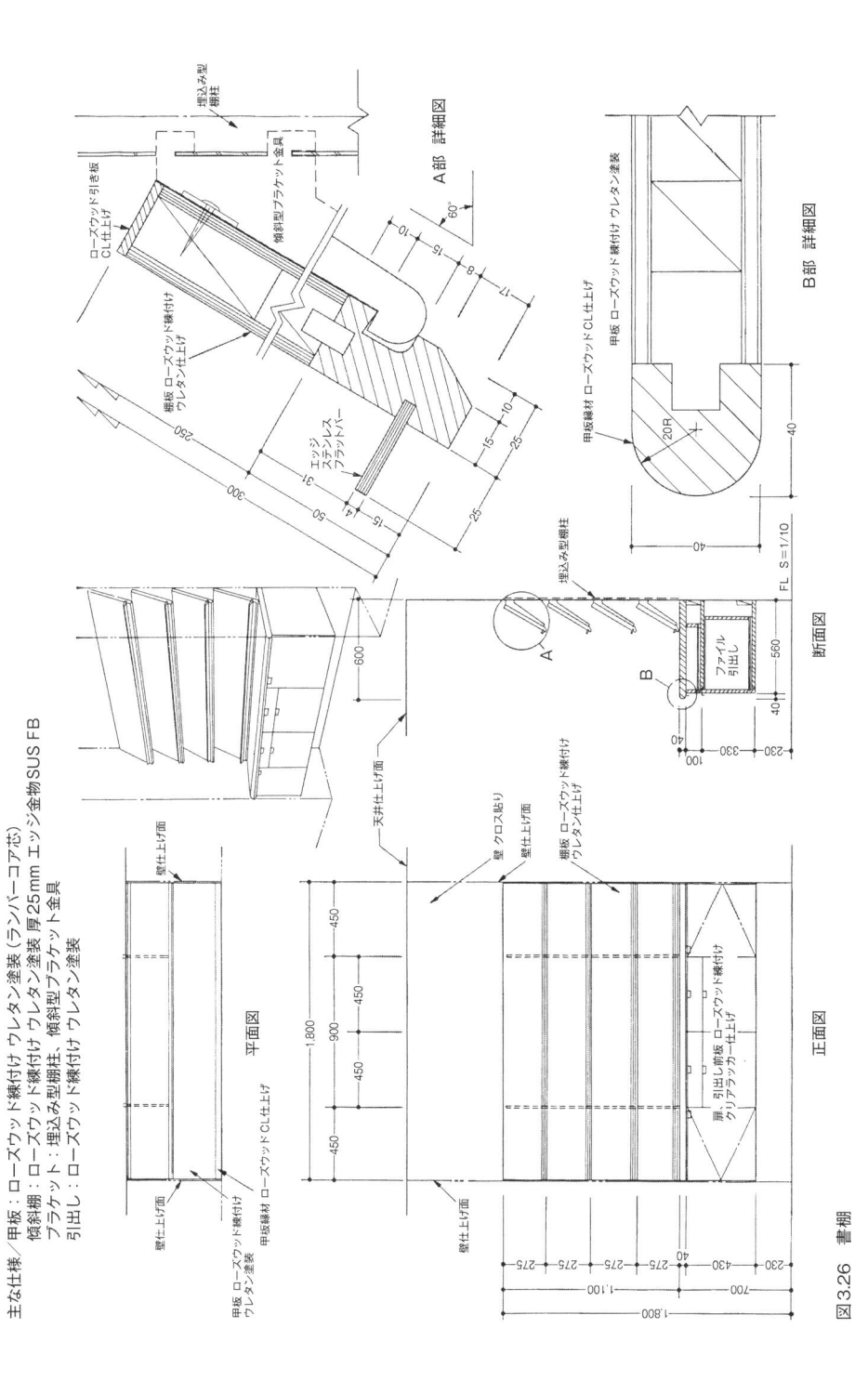

主な仕様/甲板：ローズウッド練付け ウレタン塗装（ランバーコア芯）
傾斜棚：ローズウッド練付け ウレタン塗装 厚25mm エッジ金物SUS FB
ブラケット：埋込み型棚柱、傾斜型ブラケット金具
引出し：ローズウッド練付け ウレタン塗装

図3.26 書棚

3.3 家具の種類

主な仕様／甲板：シナ合板下地ポリウレタン塗装（ランバーコア）
　　　　　内部：ポリ合板貼り
　　　　　棚板：ポリ合板（ランバーコア芯）厚25mm
　　　　　扉　：透明ガラス厚5mm（はめ込み　ガラスヒンジ加工あり）
　　　　　引出し：シナ合板下地ポリウレタン塗装（全艶）

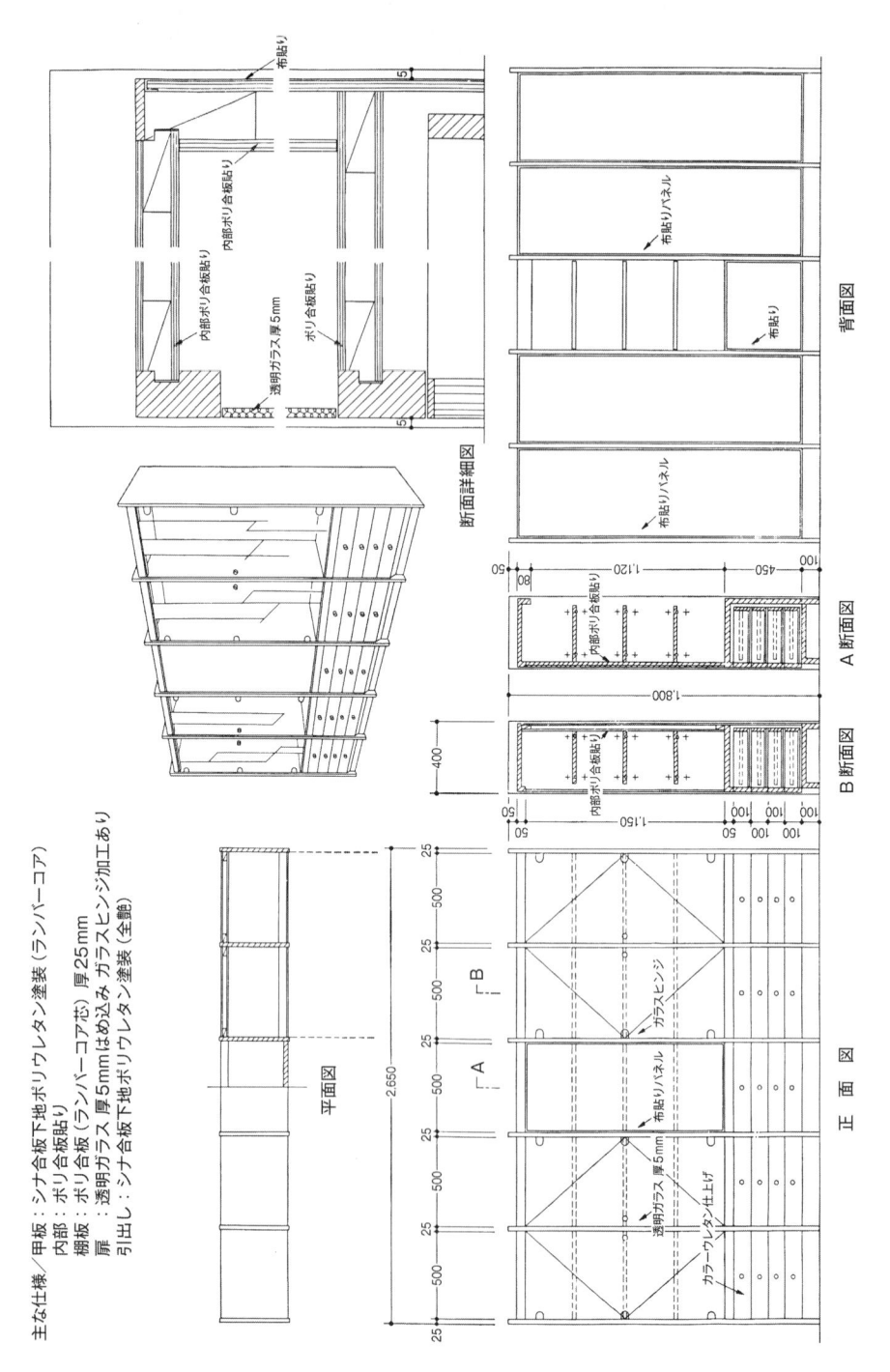

図3.27　書棚（独立間仕切り型）

88　第3章　家具の分類、寸法と性能、種類

(3) ダイニングキッチンゾーンの動作寸法

ダイニングエリアにおける食事用テーブル、椅子などの家具の標準寸法はJISにより整備されている（図3.28参照）。

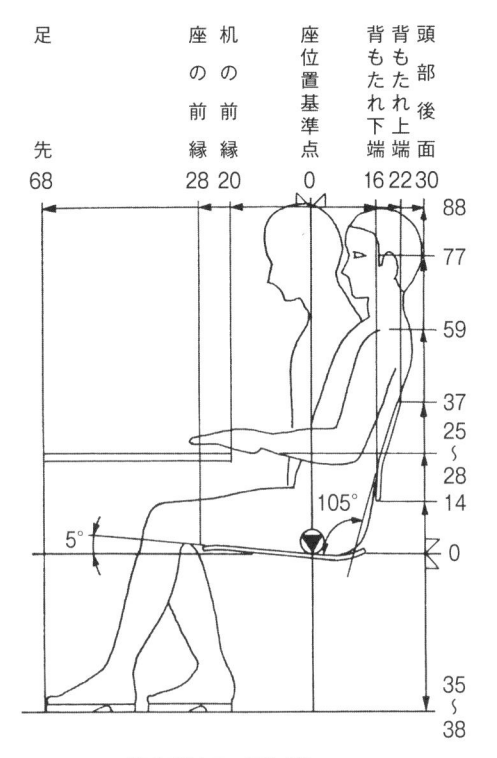

図3.28　Ⅲ型軽作業椅子の基準寸法

ダイニングセット周辺の空間寸法の取り方が重要である。テーブルから壁までの間隔やサービス通路の幅、収納家具からの品物の取出しに必要な寸法、出入り口付近の通路スペースなど、いわゆるインテリア寸法への配慮が計画上重要な課題である。これらの寸法の取り方によって、ダイニングルームの使い勝手や快適性が左右されるといえるであろう（図3.29参照）。

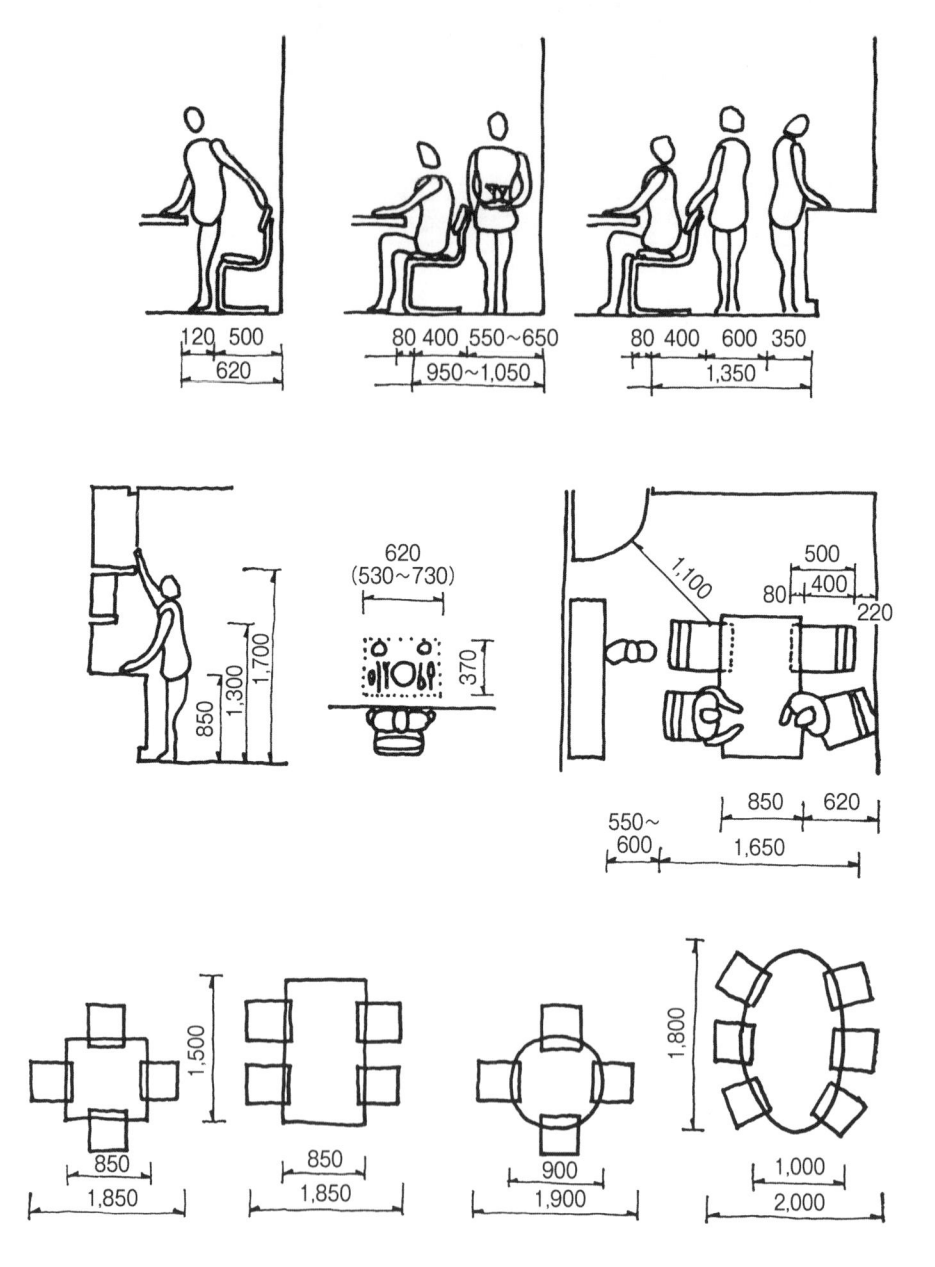

図3.29 ダイニングルームの寸法

主な仕様　扉：メープル練付け合板 フラッシュ 厚25mm　棚板：ポリ合板 フラッシュ 厚20mm、透明ガラス 厚8mm
　　　　　扉：扉枠メープルウレタン塗装、透明ガラス 厚5mmはめ込み　内部：ポリ合板貼り

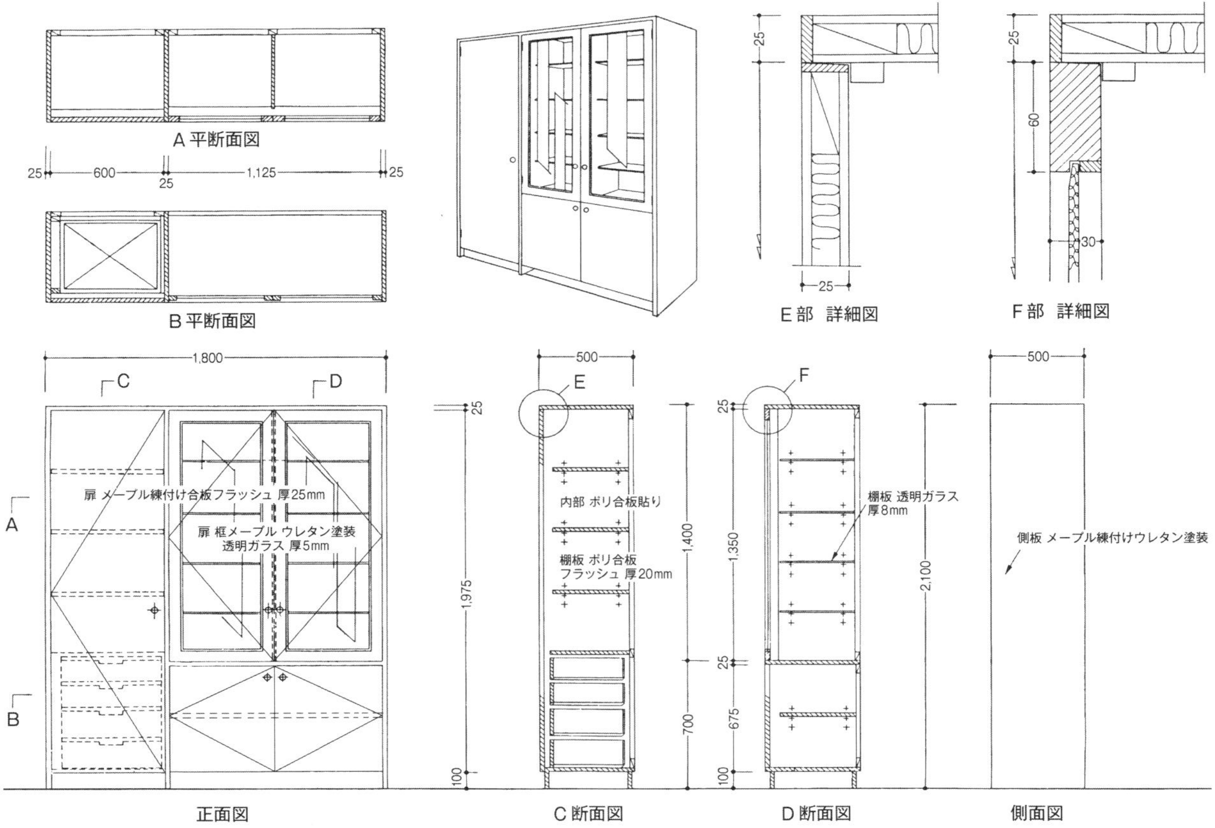

図3.30　食器棚

3.3　家具の種類

（4）プライベートゾーンの収納寸法

寝室、書斎、子供室などプライベートゾーンでは、衣類や物を収納する場合の高さ寸法が重要である。また、ベッドメーキングや化粧動作の基本寸法も参照されたい（図3.31参照）。

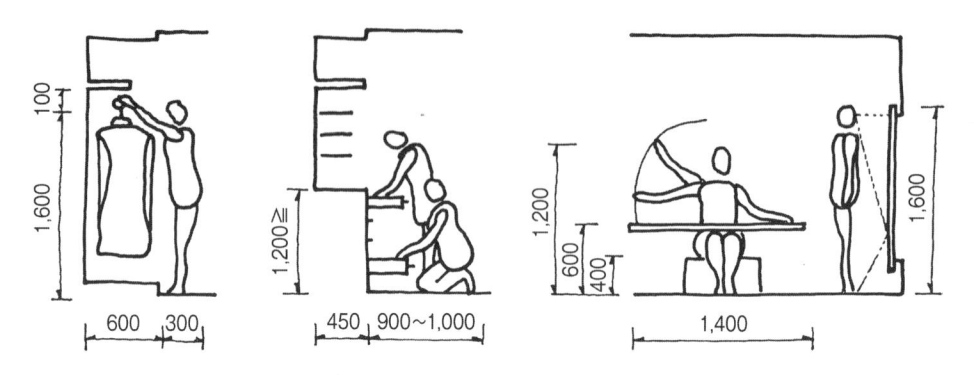

図3.31　収納の動作寸法

写真3.29　収納システム

主な仕様／甲板：メラミン化粧板
　　　　　内部：ポリ合板貼り

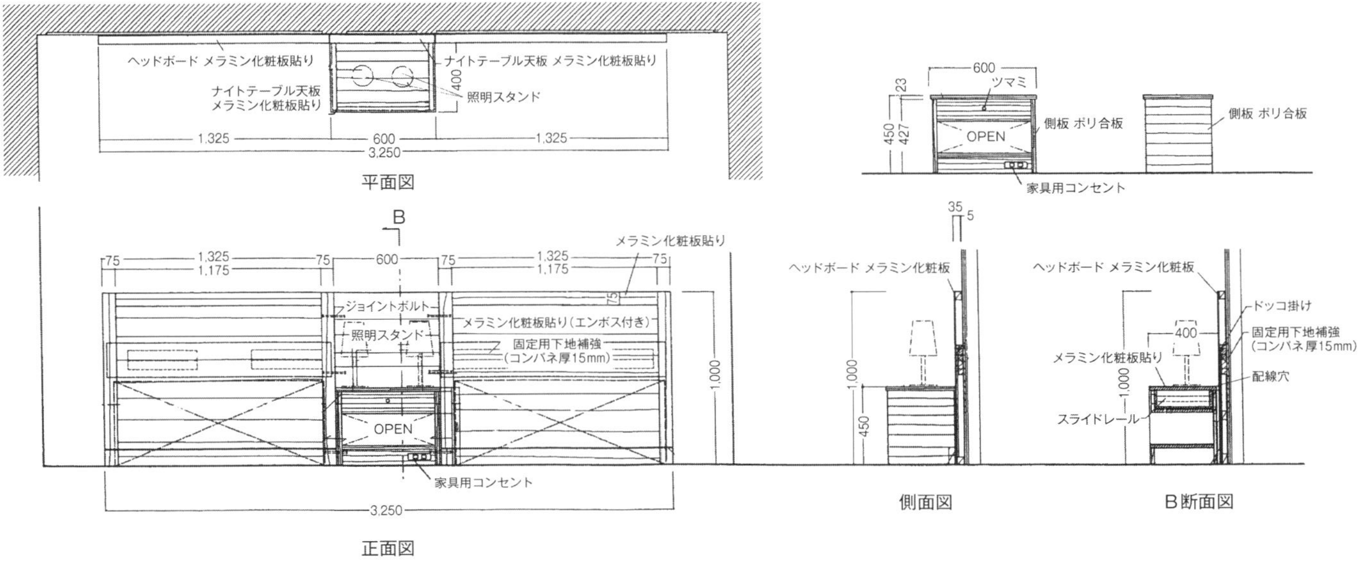

図3.32　ヘッドボード

3.3　家具の種類

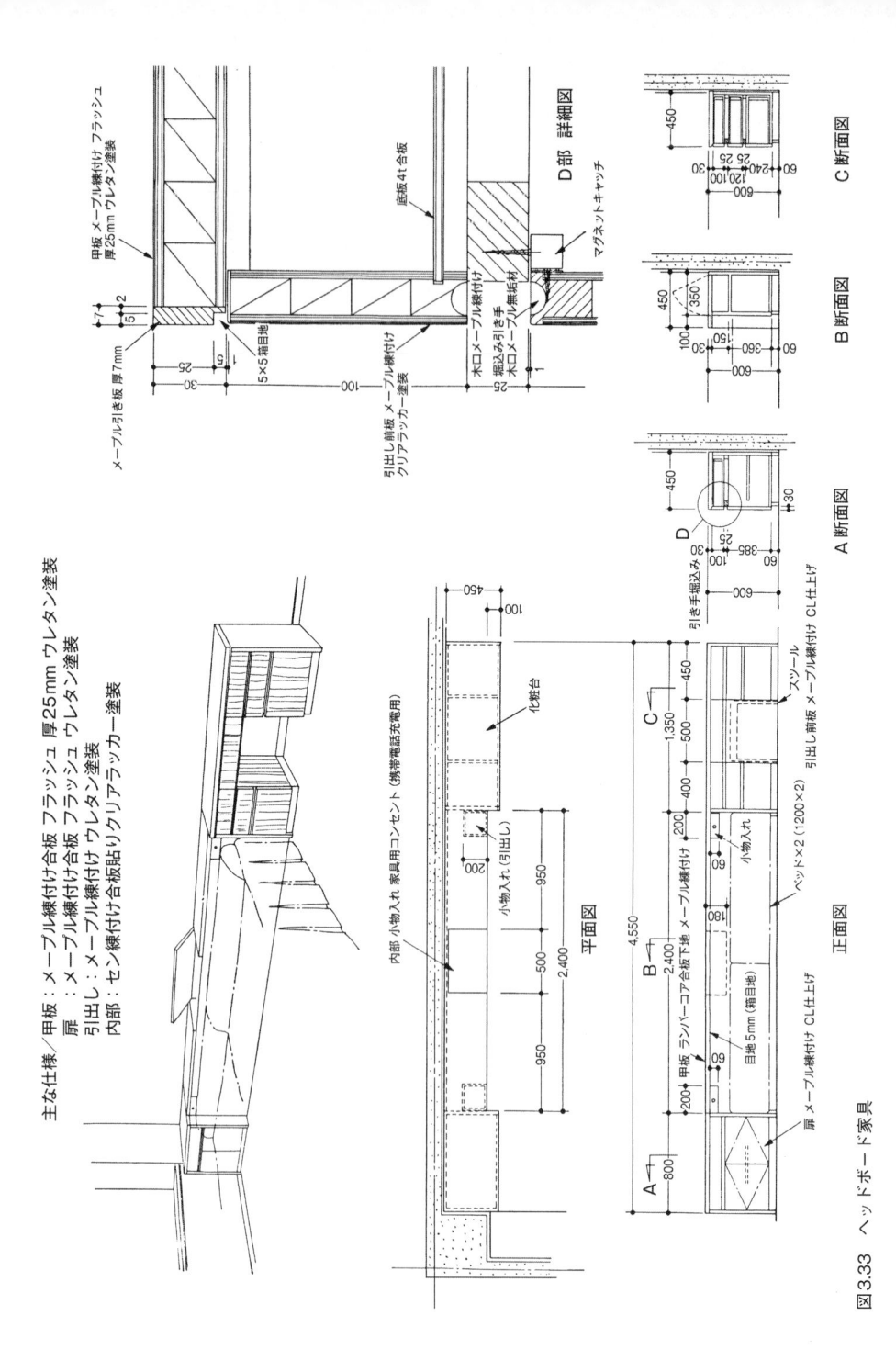

図3.33 ヘッドボード家具

主な仕様／扉 ：ホワイトオーク練付けフラッシュパネル CL仕上げ
　　　　内部：ホワイトオーク練付け CL仕上げ
　　　　内部引出し：ホワイトオーク練付け CL仕上げ

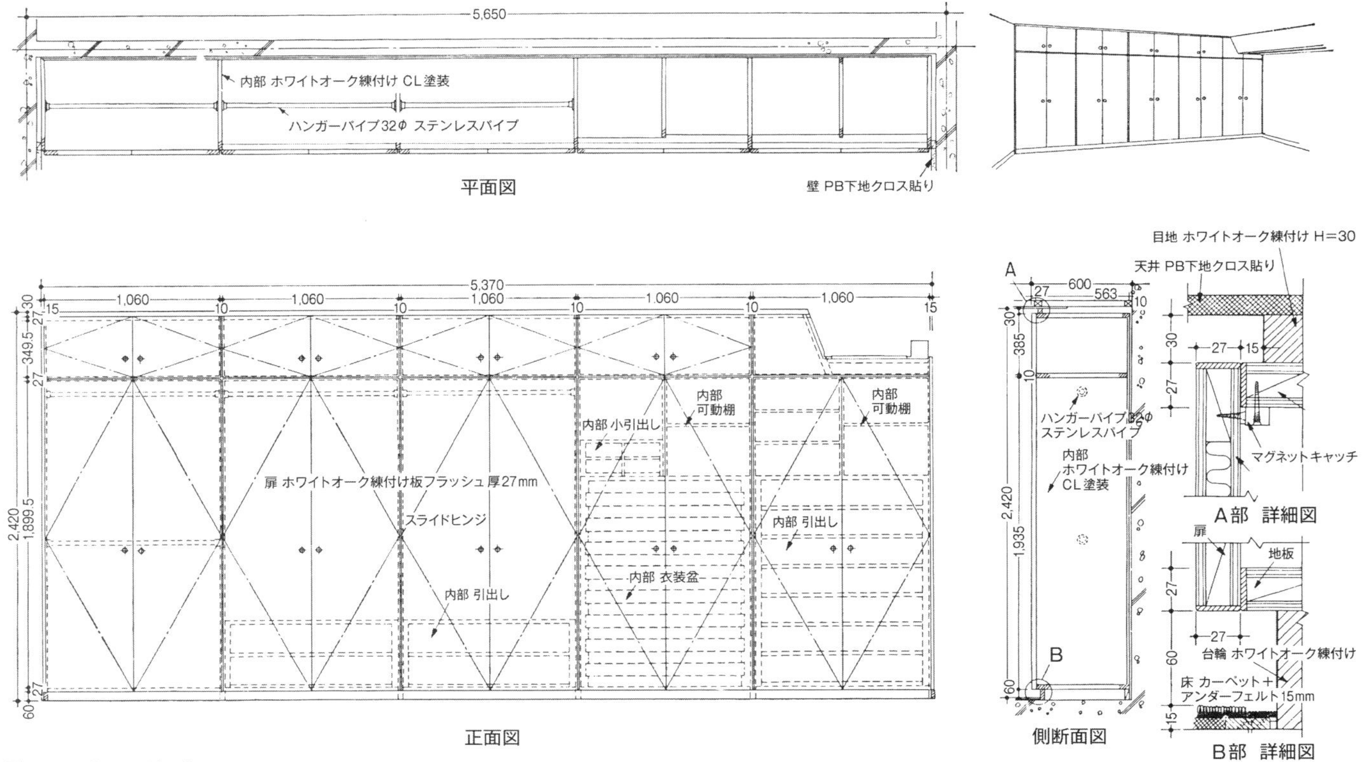

図3.34 クローゼット

3.3 家具の種類

主な仕様／扉：枠 チーク練付け CL仕上げ、ガラリ チーク材 CL仕上げ、ガラス 透明ガラス 厚5mm
内部：ポリ合板貼り
棚板：ポリ合板 フラッシュ 厚24mm

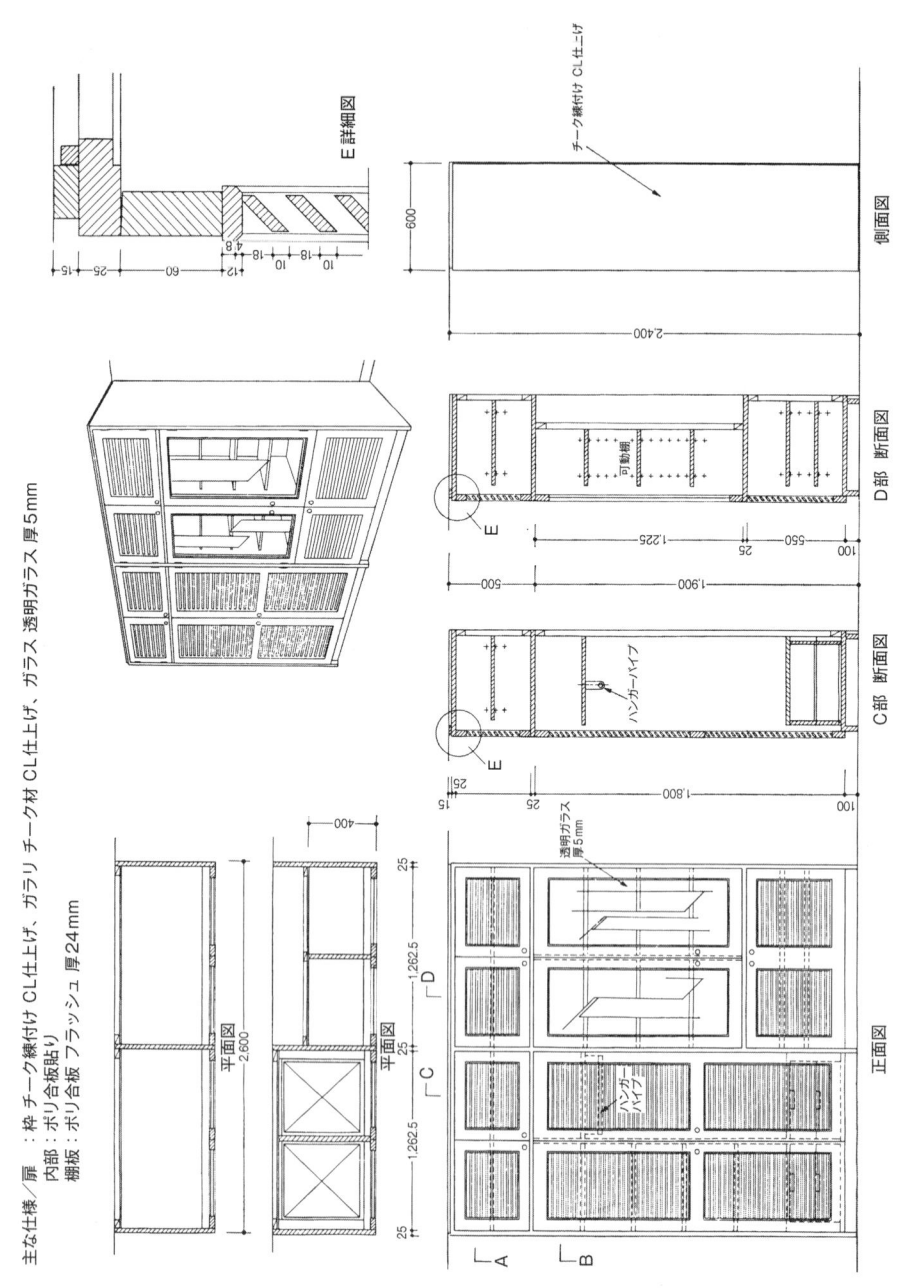

図3.35 クローゼット

第3章 家具の分類、寸法と性能、種類

主な仕様／扉：ホワイトオーク練付けフラッシュパネル CL仕上げ 引き戸 厚30mm
内部：ホワイトオーク練付け CL仕上げ
内部引出し：ホワイトオーク練付け CL仕上げ
ハンガーパイプ：引出し式

図3.36 クローゼット（浅型）

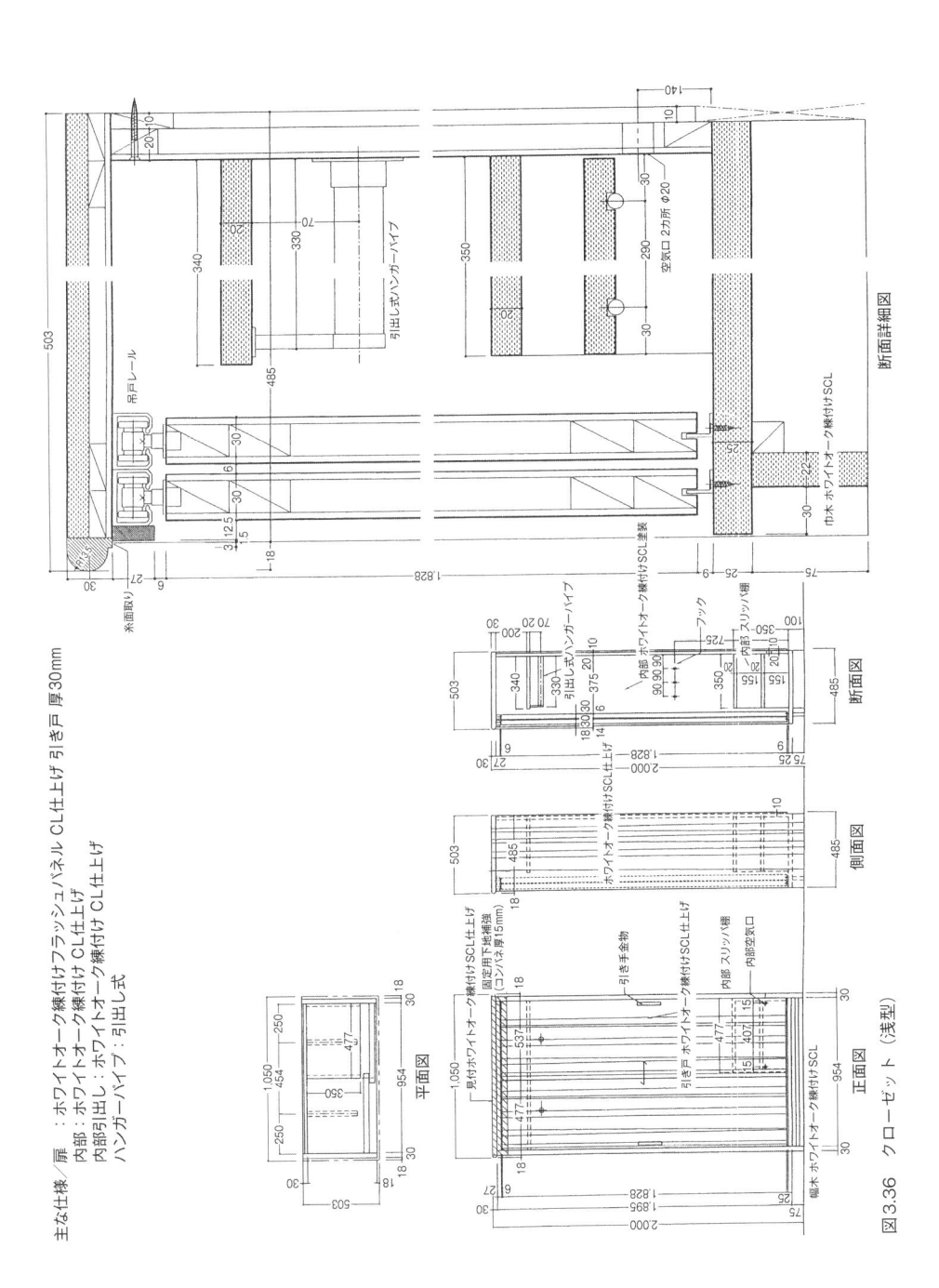

3.3 家具の種類

図3.37 リネン棚

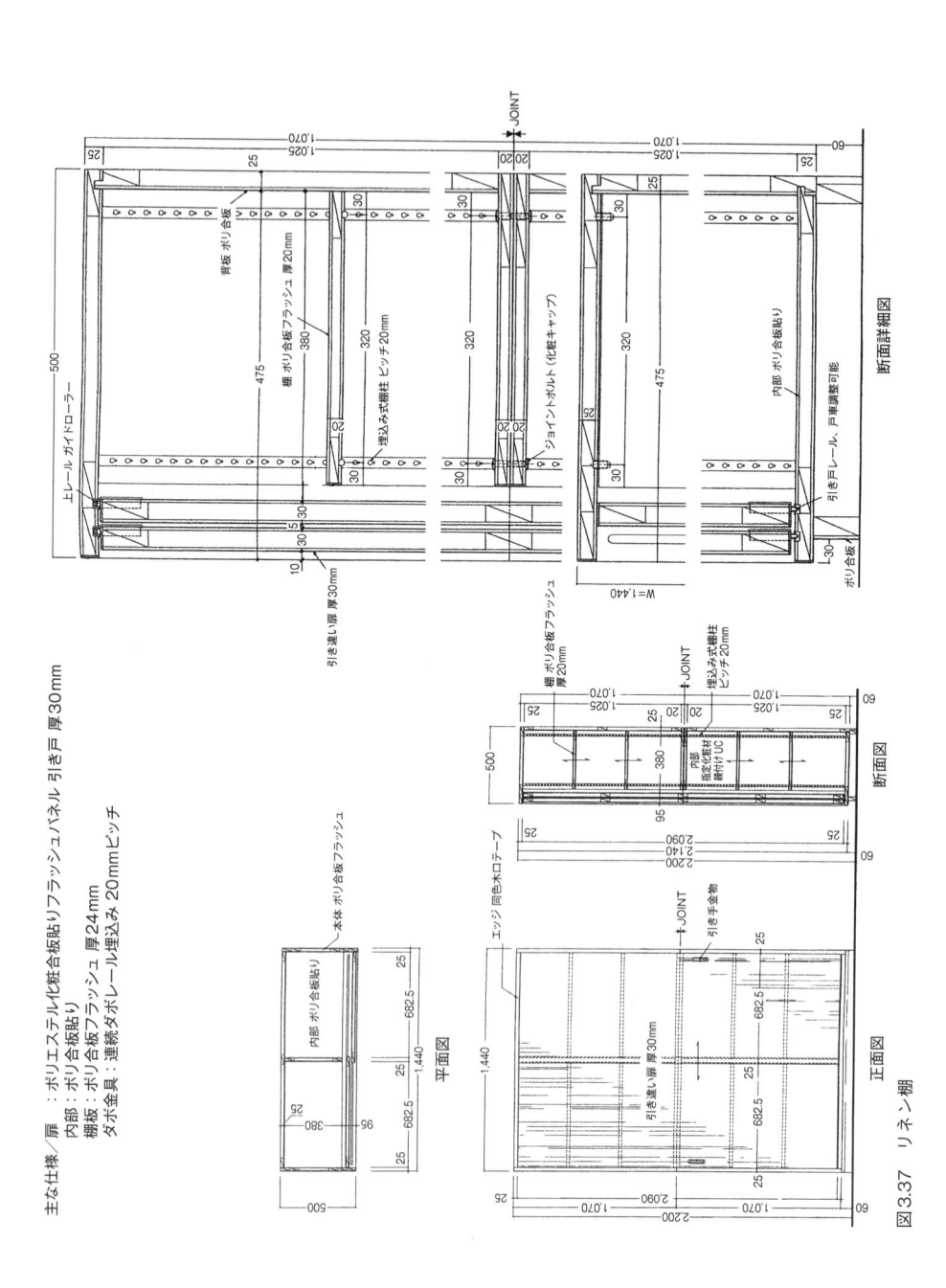

主な仕様／甲板：ホワイトオーク練付け合板フラッシュ ウレタン塗装
内部：ホワイトオーク練付け CL仕上げ
棚板：ホワイトオーク練付け合板フラッシュ CL塗装
可動引出し：ホワイトオーク練付け CL塗装 厚24mm

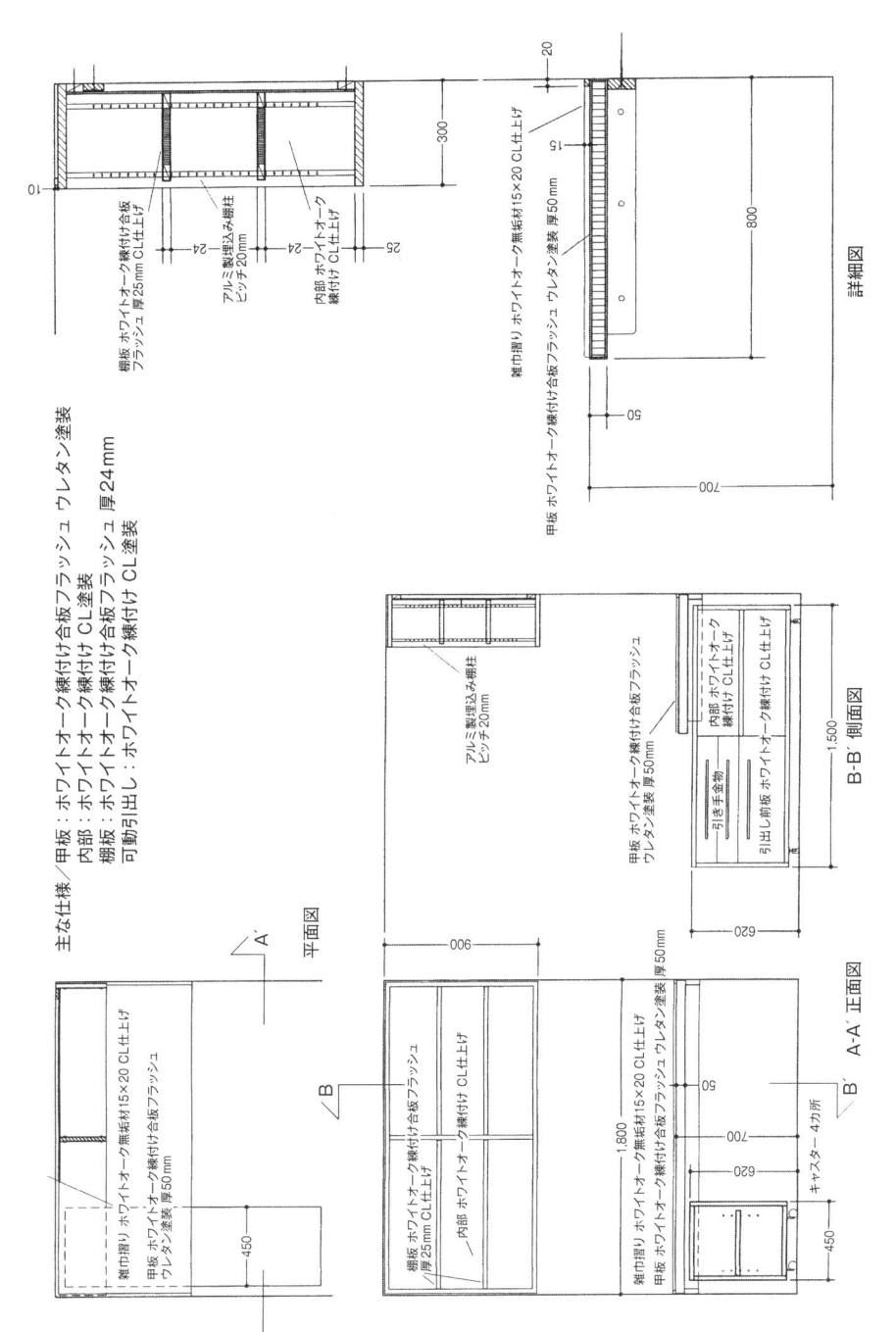

図3.38 作業台

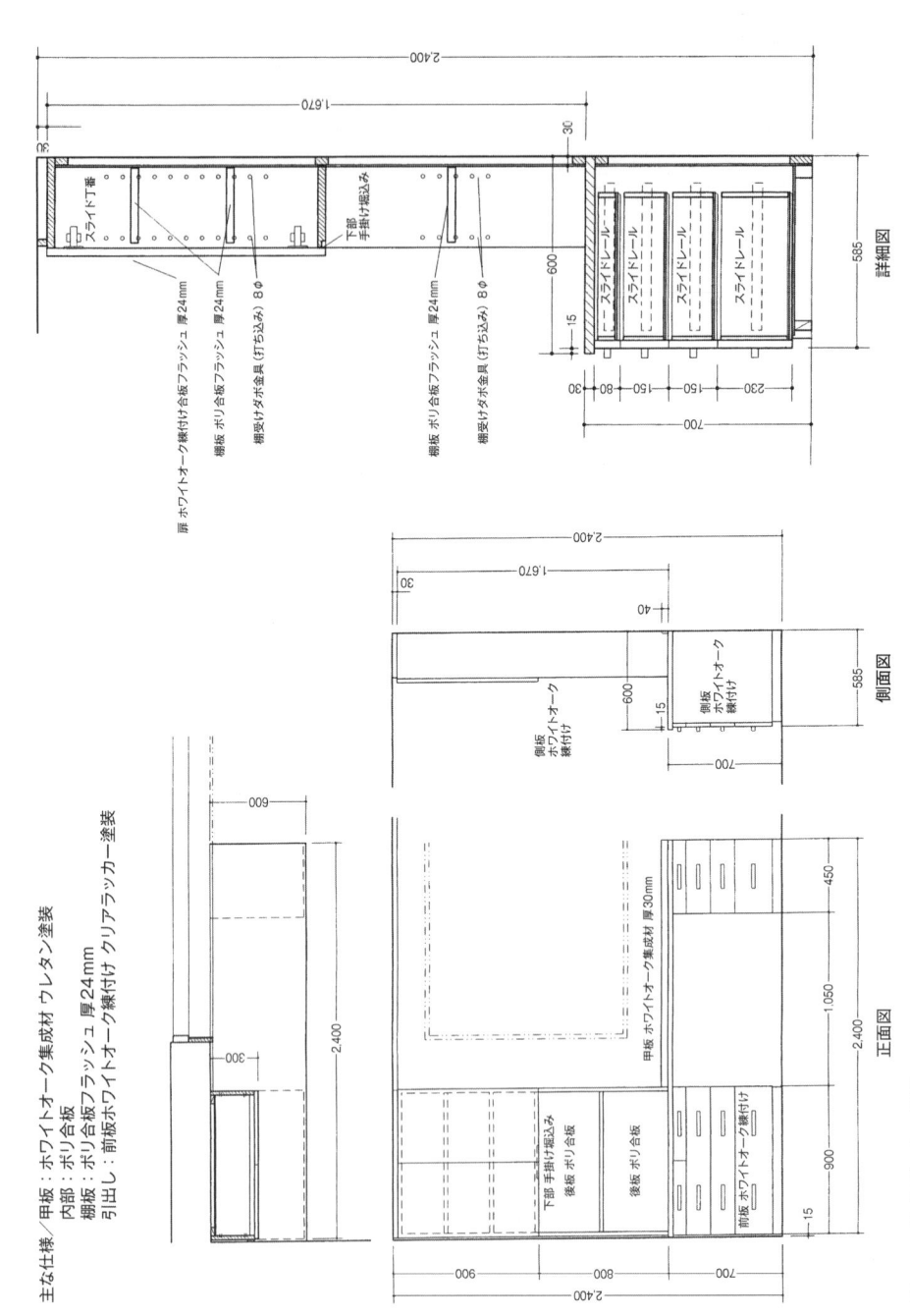

主な仕様／甲板：ホワイトオーク集成材 ウレタン塗装
内部：ポリ合板
棚板：ポリ合板フラッシュ 厚24mm
引出し：前板ホワイトオーク練付 クリアラッカー塗装

図3.39 造作デスク、書棚

(5) サニタリー家事ゾーンの動作寸法

　洗面台の高さは750〜800mm、立位の作業台の高さは850〜900mm、座位（椅子）の作業時は700mm前後となる（図3.40参照）。

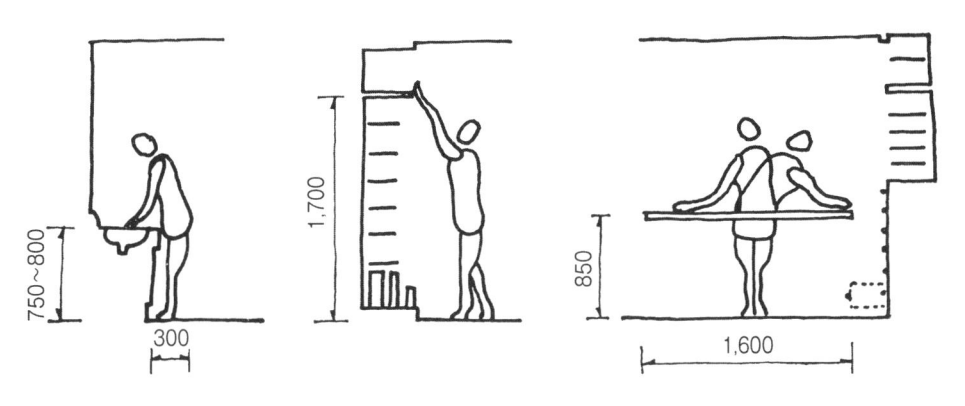

図3.40　サニタリー家事労働の寸法

写真3.30　洗面化粧台

主な仕様／甲板：コーリアン
　　　　　扉　：メラミン化粧板貼り フラッシュパネル 厚20mm
　　　　　内部：ポリ合板貼り

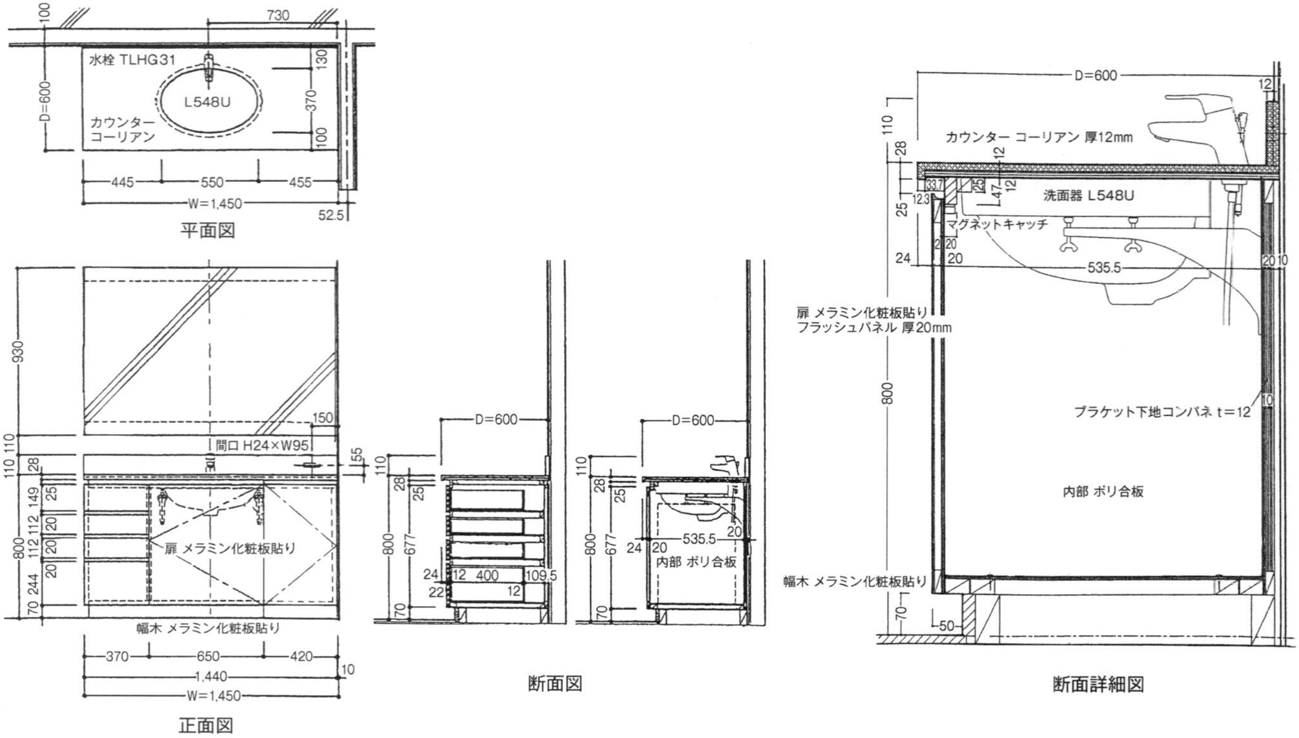

図3.41　洗面化粧台

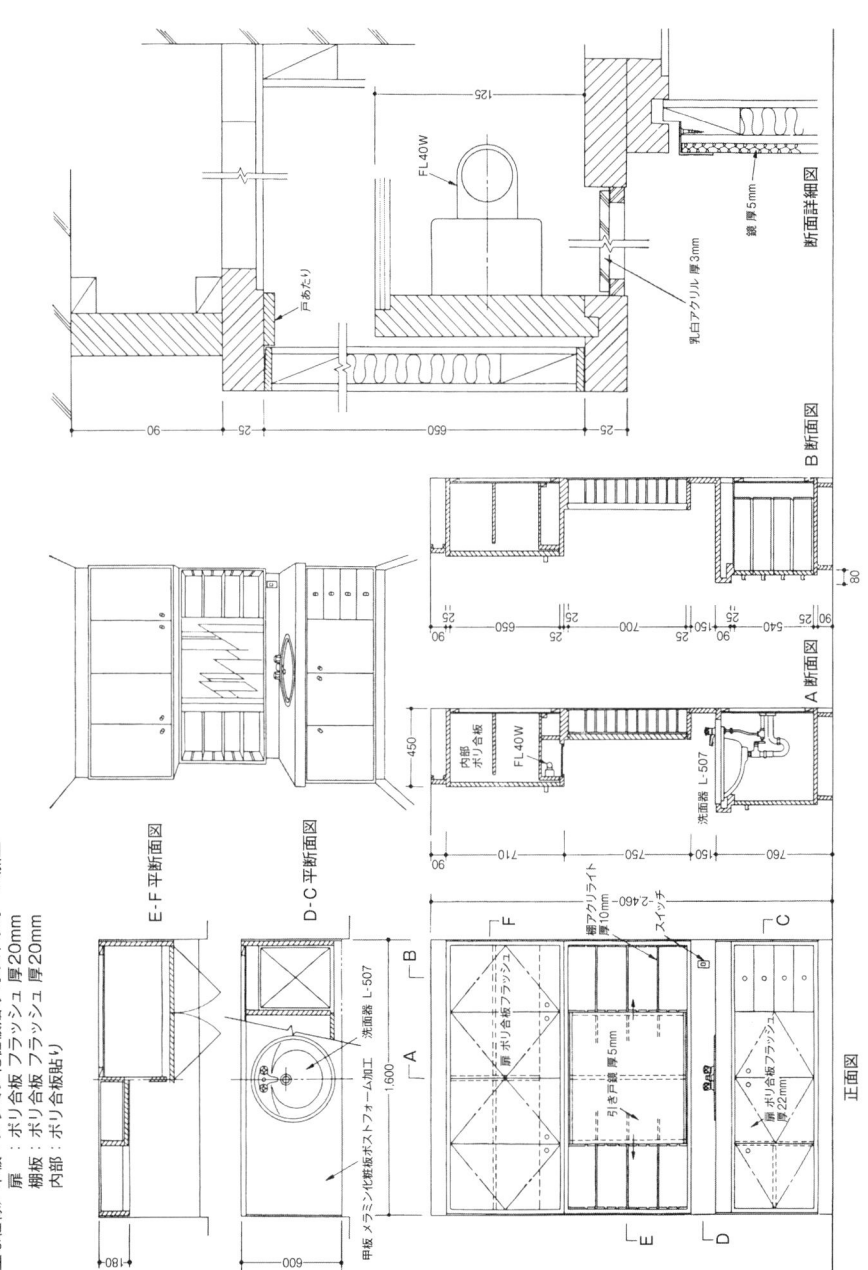

図3.42 洗面化粧台

3.3 家具の種類

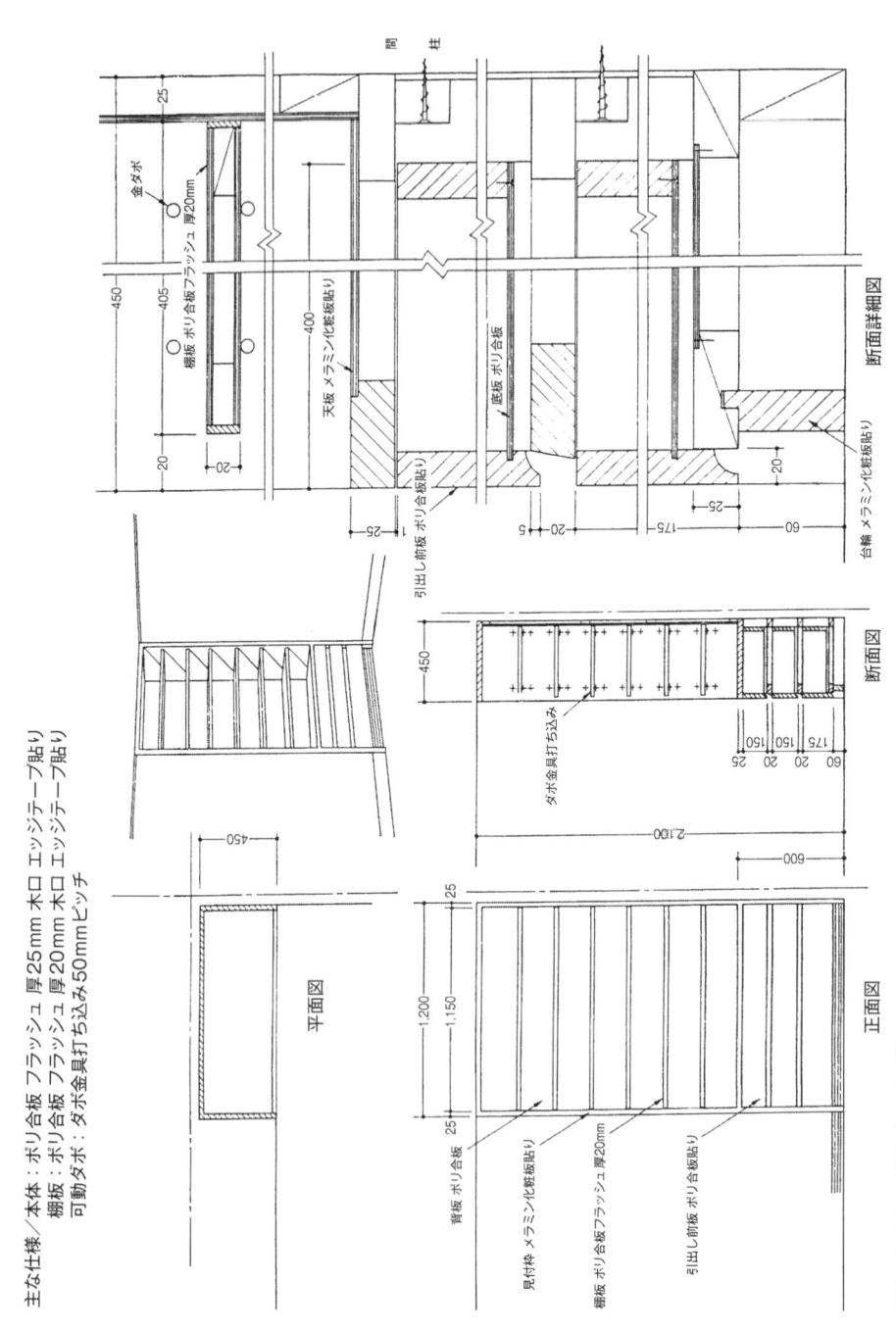

主な仕様／本体：ポリ合板 フラッシュ 厚25mm 木口 エッジテープ貼り
棚板：ポリ合板 フラッシュ 厚20mm 木口 エッジテープ貼り
可動ダボ：ダボ金具打ち込み50mmピッチ

図3.43 リネン棚（オープン棚）

3.3.5 屋外の家具類の種類

住宅の庭、公園、街路、ショッピングアーケードなどオープンスペースで用いられるものにストリートファニチュアがある。これらの種類には家具類、遊戯施設、シェルターなどがあり、照明、誘導案内、噴水、彫刻、樹木など景観に関連する要素もこの範疇に入れることができる（写真3.30）。以下にその名称のみをあげる。

ベンチ　テーブル　パラソル　屑入れ　吸殻入れ　プランター　ぶらんこやすべり台などの遊戯施設　シェルター　パーゴラ　売店スタンド　自転車スタンド　ツリーサークル　街路灯　案内板　誘導サイン　噴水　彫刻　植栽など

写真3.31　屋外の家具類

3.3.6 家具の居室別リスト

　住宅では、家族の共有スペースと個人スペースとでいろいろな機能の家具が使われるが、それらの種類と寸法を居室別にあげると次のようになる。なお、家具は椅子類、テーブル類、収納家具類で造付け家具を除いた移動家具である。寸法についてはもっとも一般的な間口W、奥行きD、高さHをmm単位で記載した。

(1) 玄関・ホール (Entrance Hall)

	W	D	H
下駄箱	850-1800	350	700-1050
傘立て	300	300	600
帽子掛け	400	400	1800
花台	350	350	600
スリッパラック	400	150	400
コートクローゼット	600、900、1200	550-600	1800-2000
鏡	300-600	—	500-2000

(2) 居間 (Living Room, Family Room)

	W	D	H
アームチェア	800-950	800-950	650-850
ソファ	1800-2400	800-950	650-850
ストゥール	500	400-500	350-400
ロッキングチェア	600	950	850
コーヒーテーブル	600-900	800-1200	350-450
サイドテーブル	600-800	600-800	350-450
電話台	350-400	350-400	600-700
花台	350-600	350-600	600
カードテーブル	800-900	800-900	680-700
マガジンラック	400	150	400
飾棚	900-1800	400-500	600-1800
TVボード	1200-1800	400-500	450-500

(3) 食堂 (Dining Room)

	W	D	H
ダイニングテーブル	850-1800	850-1050	680-700
アームチェア	500-600	550-650	750-850

サイドチェア	420-500	550-650	750-850
食器棚	900-1800	350-470	1800-1950
サービステーブル	600-800	450-550	750-850
サービスワゴン	450-800	400-500	650-750

(4) 寝室（Bed Room）

	W	D	H
シングルベッド	900、1000、1050	1950、2000、2050	400-510
ダブルベッド	1300、1500、2000	1950、2000、2050	400-510
ベビーベッド	700	1200	950-1200
ナイトテーブル	400-600	400-500	400-550
洋服箪笥	1200、1400	550-600	1950
整理箪笥	1200	460-600	1050-1950
衣装箪笥	1200	460-600	1950
ベビー箪笥	900-1050	420-450	1050-1200
三面鏡	700-1200	450	700
化粧台	700-1200	450	650-700
ストゥール	400-450	350-400	350-420

(5) 書斎（Study Room）

	W	D	H
デスク	800、1000、1200、1400、1600、1800	600、700、800	700
チェア	420-650	550-650	750-850
書棚	900、1200、1500、1800	350、400、450	1200、1800、2000、2100、2200、2400

(6) 子供室（Children's Room）

	W	D	H
シングルベッド	900、1050	1950	450-510
2段ベッド	900	1950	1400-1700
デスク	900、1000、1100、1200	600、700	600-700
チェア	420-450	450-550	430-700
書棚	900、1200	300、350、400	1200、1800
洋服箪笥	600、900	550-600	1800
整理箪笥	600、900	420-450	1050-1800

(7) 洗面所 (Lavatory)

	W	D	H
洗面化粧台	600、800、1000、1200	400-620	1800
ストゥール	400-500	350-500	400-420

(8) 和室 (Japanese Room)

	W	D	H
座卓子	1050、1200、1350、1500	750、800、850、900	340
座椅子	500	660	500
座布団	400角、450角、500角		
	550	590	
	590	630	
	650	700	(法要座布団)
茶箪笥	900、950	350、400	900、1200
飾棚	900、1200	400、450	1200、1350
洋服箪笥(桐箪笥)	1060、1200	600	1750
整理箪笥(桐箪笥)	1060、1200	460、600	1750
衣裳箪笥(桐箪笥)	1060、1200	460、600	1750
鏡台	600-900	360-400	1400-1600
姿見	420-600	250-350	1200-1570
衣桁掛	680-760	(2枚)	1500
衝立	1750	350	1600
寝具(掛け布団)	1000	2000	
	1020	2070	
寝具(敷き布団)	1500	2000	
	1670	2070	
寝具(肌掛け布団)	1350	1850	
	1450	1950	

第4章 家具のデザイン

4.1 現代の名作家具

　18世紀後半に起こった産業革命は、ヨーロッパ文明の流れを変えて宮廷文化から市民文化へと大きな変革をもたらした。家具のデザインと生産方式においても、それまでの宮殿用中心のアルチザン（職人技術）による様式的製作家具から、機械生産による市民階級のための量産家具へとデザイン様式や生産手段が革新されていった。

　ここで「1.3.2（6）近代から現代へ」で述べたことをもう一度振り返ってみると、1851年ロンドン万博に出品されたトーネットの曲木の家具は、それまでの家具の概念を一挙に近代化へと変革するきっかけとなった。それはデザインの単純化により工場生産による量産化と低価格を可能にしたもので、この曲木の家具の発明が以後のモダンデザインに大きな影響を与えたということである。そして19世紀後半のモダンデザインの歴史はウィリアム・モリスの工芸復興運動、世紀末を前後してベルギーやフランスのアール・ヌーボー、ウィーンの分離派宣言、オランダのデ・スティルへと続き、1919年ワイマールにバウハウスが開設されて、産業と芸術の結合を理念とした造形運動が始まった。1920年代フランスを中心としたアール・デコの時代を共存させながら、このバウハウスにおいて20世紀の機能主義デザインが展開されてきたのである。ここでは以上に述べたデザイン運動にそって生まれた数々のモダンデザインについてイラストを添えて述べていきたい。

(1) 曲木の椅子（1859）　ミカエル・トーネット

　近年における大量生産の先駆けとなった曲木の椅子で、ヨーロッパ産のぶな材を用いて曲木加工した脚部と座枠を、ねじで組み立てるという単純な構成である（図4.1、写真1.8）。

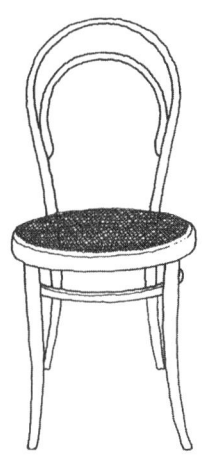

図4.1　曲木の椅子

(2) シェーカーの家具（18世紀末〜19世紀中期）

アメリカ東部のシェーカー教徒の家具で、梯子形の背（ラダーバック）が特徴。挽物の脚に座は布張りまたは籐張りなどで、シンプルな形はシェーカースタイルとよばれる（図4.2）。

図4.2　シェーカーの家具

(3) ヒルハウス（ラダーバックチェア）（1902）
　　チャールス・R．マッキントッシュ

アール・ヌーボー期スコットランドの建築家マッキントッシュのデザインで、背もたれが驚くほど高くてスリムなラダーバック。全体にやさしさがうかがえ、座は意外に小さく前広がりでクッションが入っている（図4.3）。

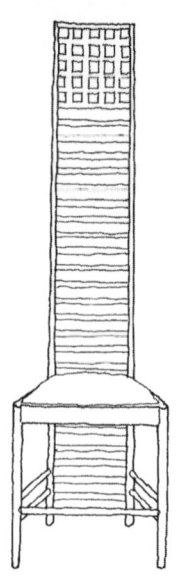

図4.3 ヒルハウス（ラダーバックチェア）

(4) カーサ・カルベの椅子（1902）　アントニオ・ガウディ

　椅子そのものが木の彫刻で、厚ぼったい座や背もたれは掛け心地よいよう湾曲して深くえぐられている。スペインのカタロニア地方に伝わる伝統的な木工技術によってつくられたもの（図4.4）。

図4.4　カーサ・カルベの椅子

(5) アームチェア（1902）　オットー・ワグナー

　世紀末ウィーン分離派のメンバーで、ワグナー派の建築様式を確立したのがオットー・ワグナーで、矩形断面の曲木枠に合成シ

ートが付き、肘と脚部に金具を取り付けた荘重感あるデザインである（図4.5、写真4.1）。

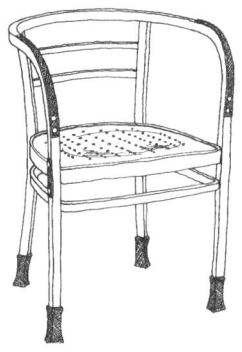

図4.5　アームチェア　　写真4.1　ウィーン郵便貯金局（O.ワグナー）

(6) 赤と青の椅子（1918）　ゲーリット・トーマス・リートフェルト

　椅子は腰掛ける機能以外に、その形や色でインテリアデザインを創りだす役割も担っている、ということを示した歴史的なデザイン。背と座がオランダの芸術運動デ・スティルのメンバーのひとりモンドリアンの赤と青に塗られている（図4.6）。

図4.6　赤と青の椅子

(7) チェスカチェア（1925）　マルセル・ブロイヤー

　曲木に代えてスチールパイプを連続的に曲げて椅子フレームをつくり、木枠の座と背に籘が張られている。同形の椅子は、バウハウス時代にマルト・スタムとミースが相前後して発表している（図4.7、写真4.2）。

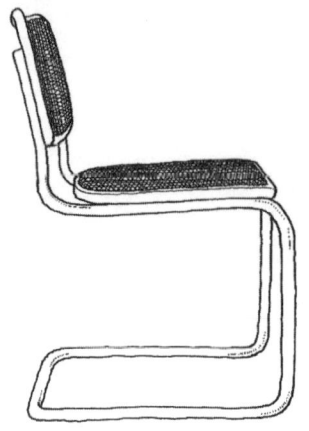

図4.7 チェスカチェア　　　写真4.2　M.ブロイヤー

(8) スリングチェア（1928）　ル・コルビュジエ
　スチールパイプを直線で構成したアームチェアで、背が左右の軸で回転する機構になっている。座と背は白黒の子牛の毛皮張り（図4.8）。

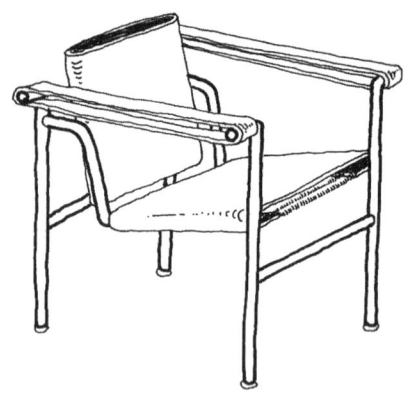

図4.8　スリングチェア

(9) バルセロナチェア（1929）　ミース・ファン・デル・ローエ
　バウハウスを代表する最高傑作のひとつで、古典的な優美さとカンティレバー方式の構成は力量感に溢れている。椅子にはステンレスフレームに革張りのクッションが付いている（図4.9、写真4.3）。

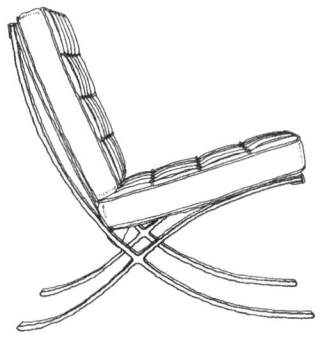

図4.9　バルセロナチェア

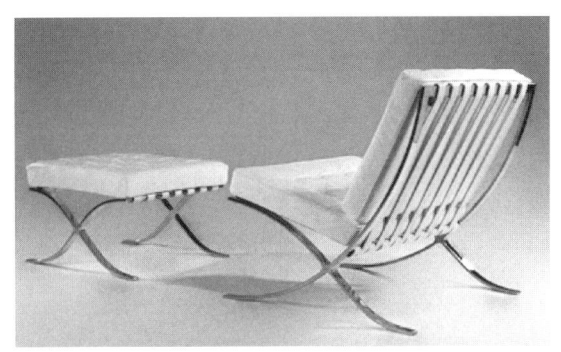

写真4.3　バルセロナチェア

(10) アームチェア (1929)　アルヴァー・アールト

　シートは連続した曲面状の成型合板で、左右を厚い積層脚部が支えている。成型合板の技術で、木材を近代的な量産家具の素材として新しい命を吹き込まれたのが、アールトの椅子たちである（図4.10）。

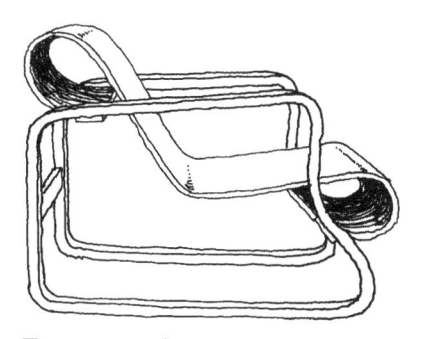

図4.10　アームチェア

4.1　現代の名作家具　115

(11) ブルーノチェア（1930） ミース・ファン・デル・ローエ

　椅子座を浮かせているステンレスのカンティレバー構造は見た目にたいへんエレガントで、肘の大きな湾曲も心地よい。座枠は木製でクッション入りの本革張りである（図4.11）。

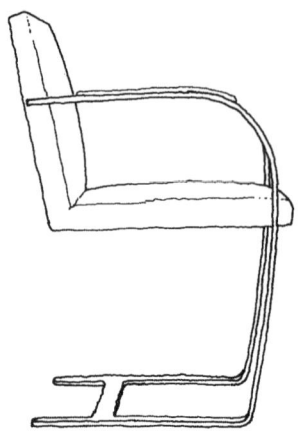

図4.11　ブルーノチェア

(12) ラウンジチェア（1935） ブルーノ・マトソン

　積層材をフレームにして、流れるような軽快感にとんだ形にした椅子。人の体型にぴったり合ったシートは布張りで、ピロード肘パットが付いている（図4.12）。

図4.12　ラウンジチェア

(13) スタッキングチェア（1946） デヴィッド・ローランド

　12mmのスチールロッドフレームにプレス加工したスチール製の座と背が付いている。1脚当たりわずか25mm厚で積み重ねられる

高性能の椅子で、まさに第二次大戦後の工業化時代に先駆けたデザインである（図4.13）。

図4.13　スタッキングチェア

(14) ザ・チェア（1949）　ハンス・ウェグナー

デンマーク家具の名声を生み出すきっかけとなったのがこの椅子で、木の美しさを生かした洗練されたフォルムは、第二次大戦後アメリカの「インテリア」誌によって世界的に紹介された（図4.14、写真4.4）。

図4.14　ザ・チェア

写真4.4　自身のデザインによるYチェアに座るH.ウェグナー

(15) アームチェア（1950）　チャールス・イームズ

FRP成型の三次元シェルがはじめて椅子に応用されたもので、スチールロッドの脚で支えられたシートシェルは内側にクッション材が入り上張りされている（図4.15）。

4.1　現代の名作家具

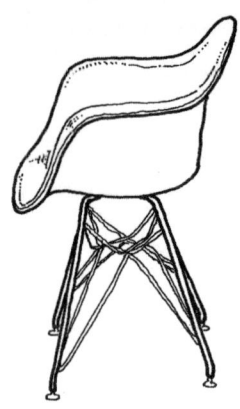

図4.15　アームチェア

(16) ピーコックチェア（1951）　ハンス・ウェグナー

　ピーコックの名のとおり孔雀が羽根を拡げたイメージのアームチェア。大きく湾曲した笠木など主材はとねりこ材のワックス仕上げであるが、肘だけは厚く削りだしたチーク材が使われ、座枠の中は紐編みのシートになっている（図4.16）。

図4.16　ピーコックチェア

(17) ワイヤメッシュチェア（1951）　チャールズ・イームズ

　立体成型された金属メッシュの座面とエッフェル塔を思わせる脚で構成されている。この高度な技術に裏付けされた意匠性もさることながら、この椅子のすばらしさは水着をイメージするシートパッドで一部のメッシュを包んでしまい、視覚、触覚までもヒューマンなものとしていることであろう（図4.17）。

図4.17　ワイヤメッシュチェア

(18) ダイヤモンドチェア（1951）　ハリー・ベルトイア

　白い椅子の輪郭は透けて見えるダイヤモンド型で、彫刻家ベルトイアの詩的な感性が伝わってくる。椅子のシェルは、4 mmのスチールロッドを斜めに交叉させてスポットウェルディングして製作される（図4.18、写真4.5）。

図4.18　ダイヤモンドチェア

写真4.5　H.ベルトイアのアトリエ

4.1　現代の名作家具

(19) スーパーレジェーラ（1952）　ジオ・ポンティ

　スリムな優美さを見せてくれるデザインで、世界一の超軽量椅子である。部材断面は技術の常識を超えて極限まで小さく、椅子フレームにはとねりこ材が使われ、座はいぐさの紐編みシートである（図4.19）。

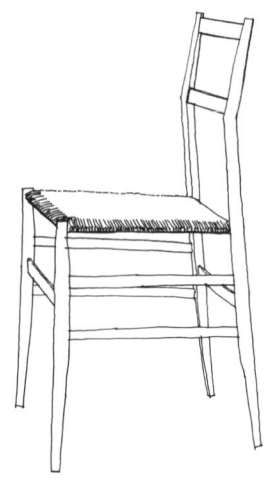

図4.19　スーパーレジェーラ

(20) ペデスタルチェア（1956）　エーロ・サーリネン

　足もと周りをすっきりさせた世界最初の1本脚の椅子である。シートシェルはFRP製でウレタンフォームを布で張り包んだクッションが座面となっている（図4.20、写真4.6）。

図4.20　ペデスタルチェア　　写真4.6　ペデスタルテーブル

(21) ラウンジチェア（1957）　チャールス・イームズ

　椅子全体が成型合板の弾性的なたわみを利用したデザインで、座の内側に厚いウレタンフォームのクッションが革で張り包まれている（図4.21）。

図4.21　ラウンジチェア

(22) オーバルテーブル（1961）　フローレンス・ノル

　繊細なエッジをもつ甲板は、ソリッドスチールを削りだした4本スパイダーの脚部で支えられている。アメリカにおけるインテリアの近代化運動は、フローレンス・ノルなどによってオフィスデザインから始まったが、この楕円テーブルは役員室のデスクとして用いられ、訪問者を迎えたときにはただちに会議テーブルとして機能するものである（図4.22）。

図4.22　オーバルテーブル

(23) スウィーブル・アームチェア（1965）　チャールス・ポロック

　滑らかなプラスチックシェルの周囲に磨き抜かれたアルミフレ

4.1　現代の名作家具　　121

ームがまわったシートは、厚くて柔らかで贅沢な革張り仕上げになっている。エレクトロニクス時代の椅子、それが発表当時のこの回転椅子であった（図4.23）。

図4.23　スウィーブル・アームチェア

(24) アームチェア（1966）　ワーレン・プラットナー
　透きとおったシルエットは優雅なワイヤーの円柱を思わせる。椅子のシェルは、平行に並んだワイヤーをスポットウェルディングして座と脚部をつくり、背当てと座にクッションを乗せている（図4.24）。

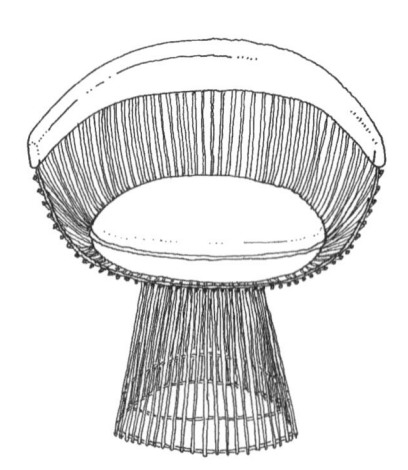

図4.24　アームチェア

(25) キャブ (1977)　マリオ・ベリーニ

スチールパイプの骨組みに厚皮を被せ、4本の脚の内側をジッパーで固定するという従来の技術とは異なる合理的な技法でつくられている。使用につれて厚皮のたるみが椅子に優雅な感性を漂わせている（図4.25、写真4.7）。

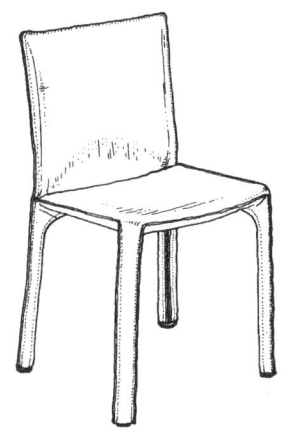

図4.25　キャブ　　　写真4.7　パイプフレームと厚皮カバー

4.2　家具デザインの要素

家具を商品として評価するときのデザイン的な要素は、その家具のもつ雰囲気や美しさ、形、使用材料と構造、色と仕上げ、寸法（ヒューマンスケール）、コスト、メンテナンスのしやすさなどである。以下にデザイン要素の詳細を述べる。

(1) イメージ

家具から受ける印象、家具から発せられるデザインメッセージが、時代感覚や文化を反映して人の生活感情にどう映るかというのがデザインイメージである。生活空間での家具の使われ方、形や色、素材など全体的な雰囲気がデザインを決定すると考えられる。昨今の多様化した感覚に対しては、家具も多様化へのイメージ対応が望まれる時代で、いろいろなイメージのものを個性的に選択し、さらに組合せそのものがデザインメッセージとなるようなライフスタイルが望まれる。

(2) 美しさ

　美に対する感じ方には個人的なばらつきがあり、感性とはすこぶる主観的ではあるが、その時代や文化が共有する美しいと感じる感覚あるいは美意識が存在している。美感とは伝統的な美の調和や比例、装飾や様式に現代感覚が加わり、再構築された美的センスであるといえよう。時代のファッション性やインテリア、素材の色や家具の美しさで、生活意識や生活環境が刺激され活性化され、より生活に豊かさがもたらされることが切望される。

(3) 形

　フォルムやプロポーションなどの造型要素は、デザインのもっとも基本的な要素である。人が家具の形態から読みとるのは、単にいい感じやよいデザイン感触だけでなく、その家具に対しての安全性のイメージや安定感さらにそれらから派生する信頼感を感じ取るもので、日常的な機能性とともに、心身ともに満足して使えるよい形の家具であってほしいものである。

(4) 素　材

　その家具がもつ機能にふさわしい素材が使われていることが大切で、適材適所に用いられることで材料特性が生きていることが望ましい。視点を変えていえば、新しいデザイン、新しいファッションの家具は、新素材の活用と新技術によって優れたデザインになり得るともいえよう。

(5) 構　造

　構造が明快で適切であると家具デザインに完結性が表れ、安心して使用することができる。家具は直接人の身体に接触して用いられるので、何よりも構造的に丈夫で安全であることが重要で、構造バランスや仕口と加工技術が良好であることなどが必須条件である。

(6) 仕上げ、色

　デザインの最終的なニュアンスは仕上げや色で決まるといえる。機械生産によって標準品質が確保される現在の家具は、部品の組合せやオプションによってニーズに対応した多様な家具を生産することができる。できあがった一つひとつの家具は、身近なところほど見た目がよくて心地よいディテール、触感等も含めたハイタッチな仕上げやテクスチュアが望まれる。

(7) 寸　法

　家具の寸法は人間工学的な人体寸法と空間寸法双方との関わりが大切で、実際の感触寸法ともあわせて留意したい。家具は道具として考えると全体の大きさと幅や奥行き、高さなどの比例が大切で、これがデザインを左右するし心地よさを決める要因ともなる。また家具の部材間の寸法バランスや納まりも要注意で、身近な部分の寸法ほど人体寸法と感触性との関連に配慮したい。

(8) メンテナンス

　家具はその種類によって、人の身体を支えたり、作業台であったり、物を収納したりという差異はあっても、それぞれ安心して長く使用したい。そのためにはメンテナンスによって長期間機能や品質を維持できることが望ましい。日常の手入れは簡便で、使用中の汚れや疵、退色その他の経年変化が起こりにくい仕様や仕上げであることが好ましい。

4.3　家具の選択

　インテリア空間の機能性や快適性を満たすためには、そのインテリアに配置する家具の設計や選択が重要であることは前にも述べたとおりである。次に述べるのは家具のデザイン評価の項目であるが、同時に商品評価にも適用されるであろう。

- 社会性／生活文化や時代感覚、ライフスタイルとの関連
- 機能性／機能や使用目的にかなっていて使いやすく、安全である
- デザイン性／造型的な美しさやプロポーション、テクスチュアや色のよさ
- 生産性／材料や構造、仕上げ、加工技術、品質など
- 経済性／適正な価格、流通形態や納期など
- ライフサイクル／耐用年限または使用期間、メンテナンス、リサイクル

　なお、具体的な家具選択の際には、インテリアをトータルで構成するデザイン的な側面と、実用的な使い勝手、人間工学的な機能や寸法などの性能面を考慮して選ぶことが肝要である。ここで

は家具選択に共通したチェックポイントと、椅子類、テーブル類、収納家具類各々についての選択の要点を述べる。

(1) デザインイメージ

家具の素材や色、造形性、デザイン性についてはライフスタイルとの関連やインテリアイメージに合致するものを選択する。

(2) 使いやすさ

機能的に使用目的にかなっているかどうか、使い心地よく安全で、かつ満足して使えるか、またメンテナンスの容易さについてもチェックする。

(3) 美しさ

家具の形やプロポーションが美しく、素材や仕上げがきれいで、気品があってかつ雰囲気のよい空間性がほしい。

(4) 品　質

適格な材料でしっかりつくられていて、仕上げや色のよいもので品質のたしかな家具を選ぶ。

(5) 丈夫さ

構造的に強く丈夫で、仕口や加工技術がたしかで丈夫な納まりと仕上がりになっているものを選びたい。

(6) 寸　法

家具の大きさが人体やインテリア寸法によくバランスがとれたものを選ぶ。また幅、奥行き、高さなどとディテール寸法のよいものを選ぶ。

(7) 価　格

適正な価格、流通経路を考慮のうえ廉価で入手できる。

(8) 納　期

必要なときに入手できる。契約竣工時に納品が可能であることが必須条件である。

4.3.1　椅子類の選択

椅子は直接人の身体に触れてこれを支えるので、身長に見合った機能寸法とクッション性をもつものを選ぶことが肝要である。JISでは図3.2に示すように、軽作業用から休息用までの6段階にわたって椅子機能を分け、座面高（座位基準点）、座面傾斜、背

もたれ点および背もたれ傾斜などの基準寸法を定めている。以下に椅子選びの要点をあげてその内容を説明する。

(1) 座面の高さ

JISでは食事や学習など軽作業用の座面高を380〜410mmと定めているが、これは成人男女の平均身長を基準とした規格寸法である。平均身長以外の場合は、おおよそ身長の1／4を目安としてもよい。なお、座面が高過ぎると膝裏が押しつぶされて血行を妨げ、足に不快感が生じるので注意したい。休息の度合いがずっと高くなるリビングなどのラウンジチェアの座面は膝裏よりずっと低く、安楽を保つために上限を380mm以下としたい。

(2) 座面奥行き

軽作業用で380〜420mmを目安としたい。座面が深過ぎると、背中が椅子の背に届かないので、腰椎部が背もたれにしっかりと支えられず上体がたいへん不安定となる。深い座面に無理してお尻を奥にずらすとふくらはぎが座の前縁に当たって不快感を伴うことになる。したがって座の奥行きは、深いものよりはやや浅めの方が快適で、かつ足の動きも自由になる。休息用のものは (3) 以下に述べる背もたれの傾斜に連動して座が低くなり、奥行きも500mm前後まで深くなる。

(3) 背もたれ

椅子の背もたれは腰椎部をしっかりと支持する機能がもっとも重視される。作業用椅子の背もたれ点の位置は座面から225mm前後の高さであり、この位置で腰椎を支えると、上体がきちっと固定されて健康によく疲れをまねかない。クッション性の高い休息用の張り包み椅子は、体重でお尻の位置が深く座面に沈むので、背の傾きが大きくなる点にも配慮する必要がある。

(4) 背もたれの傾斜角度

椅子に腰掛けたときの人の骨格は、背の傾斜に合わせて上半身が動き、座骨結節を中心にして上体が回転する。軽作業用の椅子の背と座との角度が105°までが標準で、食事用など作業量が増してくると100°前後まで立ってくる。逆に休息度が多くなるソファなどは115°前後まで背が傾斜して座面は低くなる。使い勝手に合った背もたれの傾斜角度をチェックする必要がある。

(5) 肘の高さ

　座面から210～250mmが軽作業用の一般的なアーム高である。アームが高過ぎると肩が疲れやすく、低過ぎると支持不足で上体が傾いてしまう。椅子のアームは掛ける人が肘を乗せたとき、肩が平らになって肘が自然に保たれる高さがよい。

　休息用の張り包み椅子の場合は、座面が低くなって背の傾斜が大きくなるので、上体が後に倒れて肘の高さがだんだん低くなる。したがってこの場合の椅子のアーム高は低めの寸法をとるようになる。

(6) クッション性と椅子張り

　クッション性については作業用、休息用などそれぞれの使用目的に見合ったクッションを備えるかどうかをチェックする。一般に作業用は薄張りで硬めのクッション、休息用は厚張りで柔らかめのクッションが適切である。クッション性は座の形や上張り材とも関連してくるので、充填剤の硬軟度とともに、座ったときの感触や座の沈み具合を十分検討したいものである（図6.8、9 クッション構造参照）。

写真4.8　椅子張りの例

4.3.2 テーブル、デスク類の選択

テーブルとデスクは通常椅子に腰掛けて使用するので、上体や手の動きと、乗せる物との関連で甲板の広さが決まる。机上面の広さは作業性や機能性に影響を及ぼすことを念頭において決定し、高さ方向については、椅子座面との差尺が重要になってくる。

(1) 甲板の広さ

幅と奥行きが使用目的に十分な広さであるものを選ぶ。ちなみに食事と会議用テーブルの大きさと人数の標準を図3.7、事務用デスクの各部寸法は図3.4に示すとおりである。食事の場合1人当たりの幅員は最低600mmが必要で、700mm以上あればゆったりした寸法となる。住宅の場合にはダイニング空間との関連を考慮して、できるだけ広くゆったりとしたテーブルを選びたい。

(2) 甲板の高さ

JISではテーブルとデスクの高さを700mmと定めている。甲板の高さは、椅子の座面高との間隔／差尺が重要視され、軽作業用では270〜300mmを基準としている（図3.4参照）。ただしこの寸法は作業用の場合に限られ、休息度が増すにしたがって小さくなる。たとえば、休息を目的としたリビングルームなどのコーヒーテーブルは、椅子座面と同じ高さか、もしくはせいぜい100mm上がりの差尺となる。

(3) 甲板材料と仕上げ

テーブル・デスク機能によって甲板材料や表面仕上げは異なるが、一般に耐水性、耐熱性、耐磨耗性のあるものを選びたい。また手や上体が直接触れる甲板エッジは見た目に心地よい厚みと面加工のものにしたい。

4.3.3 収納家具類の選択

収納品の種類や量、収納方法、使用頻度などを配慮して選択する。

(1) 収納家具の大きさ

幅、奥行き、高さなどの収納家具の大きさは、収納物の種類と収納量によって決まるが、同時に、部屋の大きさや一緒に置かれる家具との関係などインテリアの状況によって選ぶことが肝要である。

(2) 品質と構造

収納家具は正面性が強いので、デザインに見る視覚性と品質を大事にしたい。キャビネット構造の強度や扉の開閉操作、引出しの調子、棚の取付け具合など、品質面を十分に検討して選択したい。

(3) 収納と動作

収納品の出し入れなど動作上の使い勝手については、図3.9および図3.31の収納と動作の資料を参照されたい。図に示すように立位の姿勢では600〜1,700mmの高さが無理のない収納動作範囲で、日常作業や使用頻度の高い物の収納スペースが設けられる。600mm以下では姿勢が前屈動作となり、1,700mmから上部は、ストック用品など稀にしか使われない物の収納場所となる。

収納家具の部品構成では扉の有無、棚の枚数や間隔などをよくチェックし、引出しについては、1,200mm以下でないと内部の品物の取り出しが容易でない。また、各引出しの有効深さも事前にチェックして選びたい。

以上、家具の選択について述べてきたが、選んだ家具類はさらにインテリアに上手に配置することが重要で、その手法については次の「第5章 インテリアの家具配置」を参照されたい。

第5章 インテリアの家具配置と配置図作成

5.1 インテリアの家具配置

インテリアデザインの設計フローでは、計画の最初期に行うイメージの検討にともなって、家具配置（ファニチュアレイアウト）がスタディされる。

インテリアの家具配置は、建物やその部屋の使用目的を考慮して進めるが、レイアウトの手法は、平面の形、出入口の場所や窓からの採光、主要壁面の位置などインテリア条件にしたがって行われる。さらに具体的にいえば、椅子やテーブルのグループとその組合せ形式を用いて配置するが、そのときキーポイントとなるのは配置形式と配置寸法で、このふたつがたいへん重要な事柄になってくる。

家具の配置形式には後述のようないくつかのタイプとバリエーションがあるが、配置する部屋の使用目的やライフスタイル、インテリアデザインによって、どの配置形式にするかを決めるのが妥当であろう。配置の際の寸法の扱いは、人間工学的な動作寸法や動作空間を基本にして進めるが、その場合気くばりすることは動線計画と視線計画である。人と人との距離も重要で、この距離関係が人の心理面に微妙な影響を及ぼすことを念頭に置くことが大切である。なおこの距離の問題については人間工学の解説と、心理・生態研究の文献が参考になる。

次に住宅の場合の家具配置についてリビング、ダイニング、ベッドルームおよびキッチンの順に述べることにする。

5.1.1 リビングルームの家具配置

現代の住居空間では、リビングが住まいの中ではもっとも大切な部屋であるといわれる。リビングのデザインや規模によって、その家全体のイメージや印象が把握できるといっても過言ではない。リビングルームは家族全員が日常生活を楽しむスペースで、そこで行われる生活行為は、団欒、休息、接客、ＴＶ、音楽、読書、編物、ゲーム、ダイニングルームへの通路など、ライフスタイルや時間帯の変化によってすこぶる多目的に使用される。

リビングルームの家具配置は、いわば、生活の振舞いや変化に

対応可能な、自由度の高い配置が好ましいのかもしれないが、一応生活パターンに対応したいくつかの基本的な配置形式がある。図5.1に示す配置タイプを単純なものから順にあげると並列型、対面型、L型、U型、囲み型となる。

　① 並列型はソファとサイドテーブルだけの単純な配置で2人並んで座るため視線が同じ方向にむき、寄り添う形の親密度の高い配置となる。なお、この場合は3人掛けでも実際は2人使用となることが多い。

　② 対面型は向かい合って座る正面対話の形式で心理的には緊張感をともなう配置となる。

　③ L型は斜めに座るため心理的にリラックスした感がある。空間的にはリビングスペースの右下面がオープンになるので、出入りやサービス動線が容易で、そのうえTVや窓からの景観などを共有でき視線計画上も有利な配置となる。L型のコーナーには、図のようにテーブルをはさむ場合とコーナーシートを配置する場合とがある。

　④ U型は斜めと向かいに座る配置で、スペースの下面が解放となり、下方への視線を共有できる和やかな雰囲気が得られる。

　⑤ 囲み型の配置形式は大きなリビングに適用されるが、斜めと対面に座る視線の集中型で、心理的には緊張感をともなう配置のようになる。この配置で緊張感を和らげる方法としては、下方の2脚のアームチェアを思い切り下の方に離して配置するとか、中央のオープンスペースを大きくとる方法がある。

　家具の配置寸法については、図5.2に示すリビングの動作空間（寸法）を参考にするが、リビングルームの本来的な機能であるくつろぎやリビング生活を楽しむためには、ゆとりを加えてゆったりした寸法にしたい。なお応接や接客が主目的の場合には多少つまった寸法配置となることも多い。

●並列型

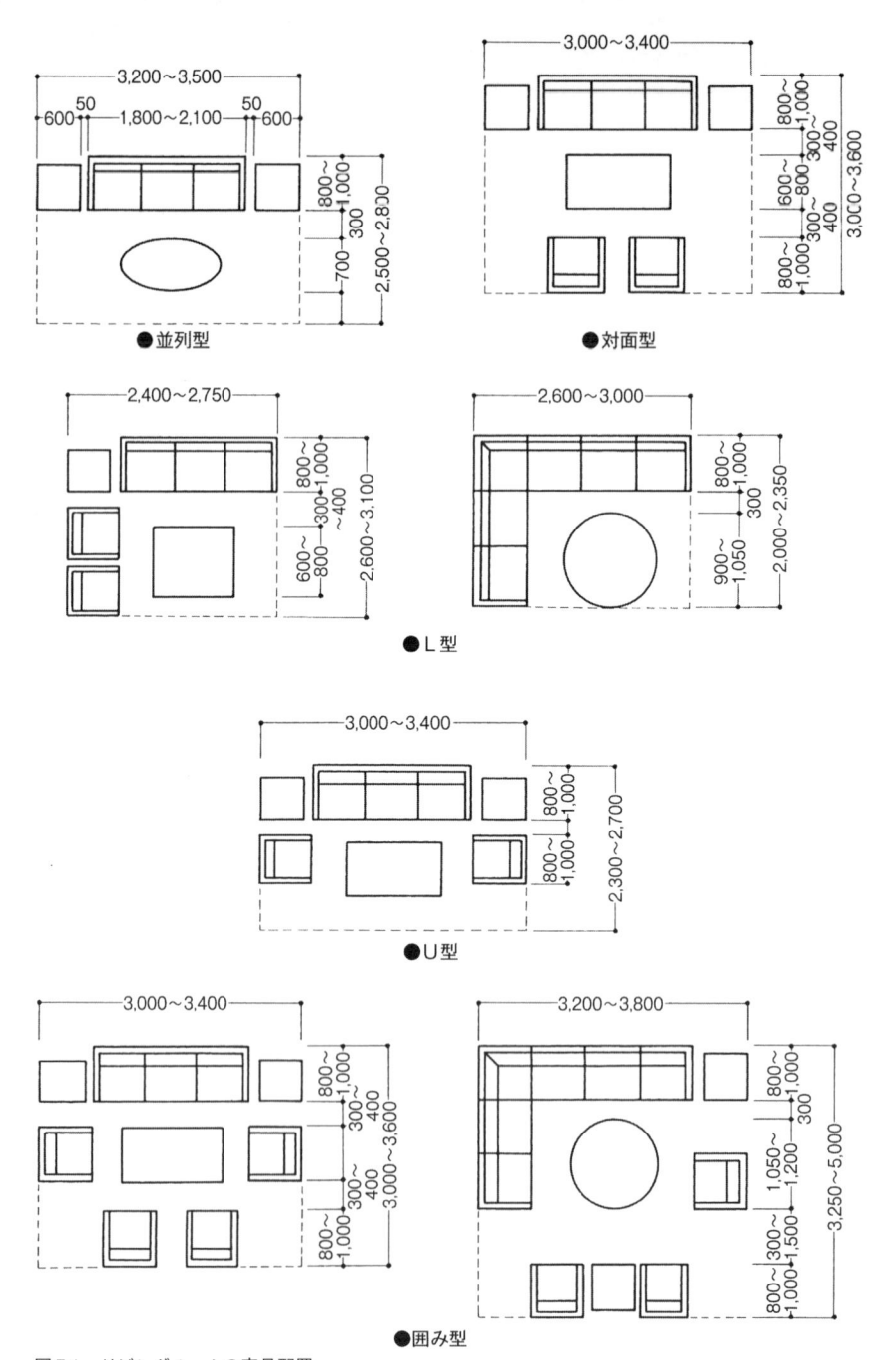

●対面型

●L型

●U型

●囲み型

図5.1 リビングルームの家具配置

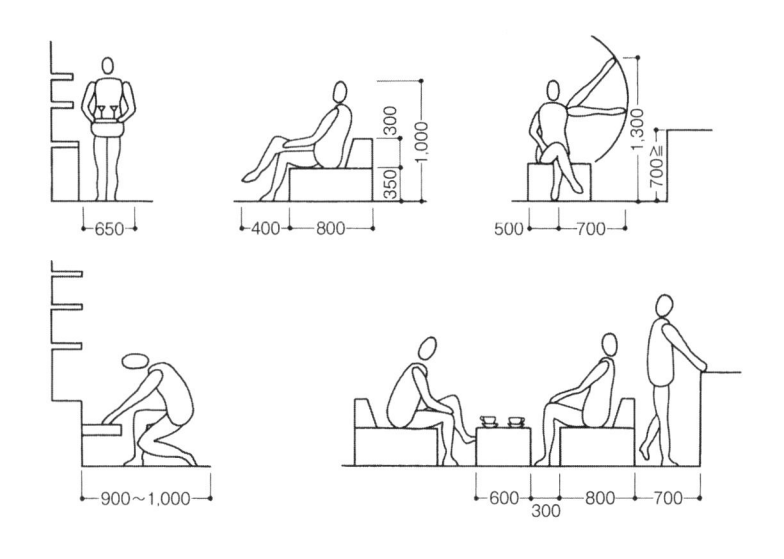

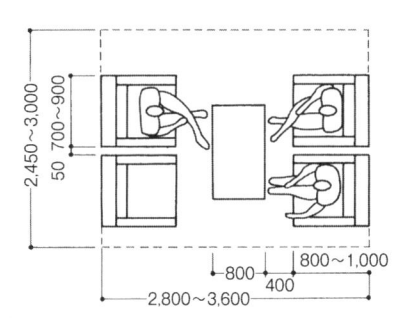

図5.2　リビングの動作空間

5.1.2　ダイニングルームの家具配置

　ダイニングルームの椅子やテーブルの規格寸法は、JISによって整備されているが、テーブルの大きさと家具配置は、図5.3のように人数によって自ら決まってくる。

　ダイニングルームの家具配置で注意することは、配置する椅子やテーブル周辺の寸法である。それは図5.4のダイニングの動作空間（寸法）に示すように、出入口までの距離やサービス通路の幅、壁までの距離や食器戸棚との距離などである。このインテリア寸法の取り方で、ダイニングルームの使い勝手や快適性が左右されてしまうといえよう。

写真5.1　ダイニングルーム

写真5.2　ダイニングルーム

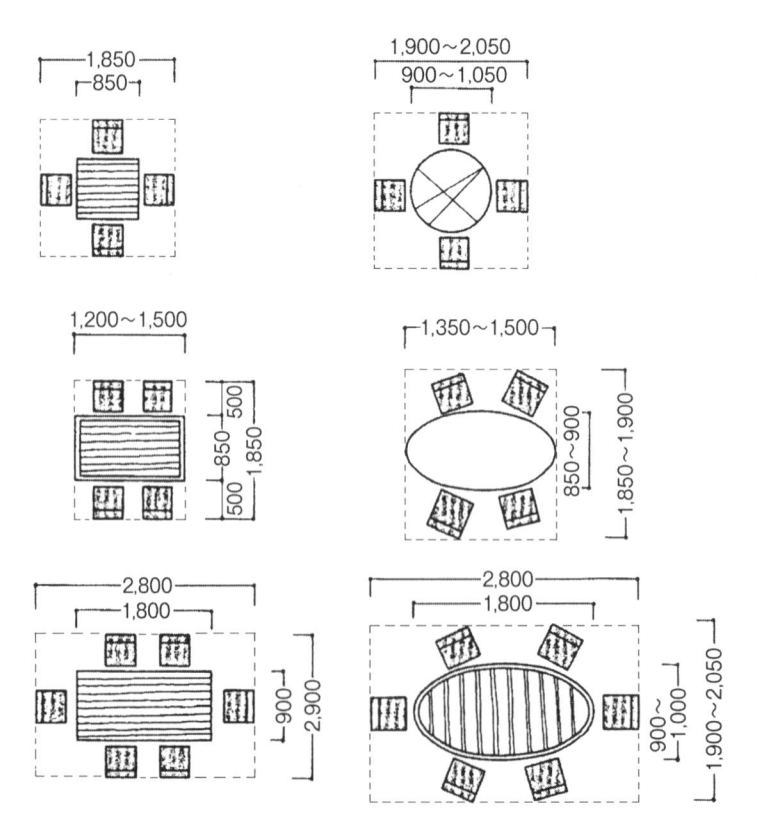

図5.3　ダイニングルームの家具配置

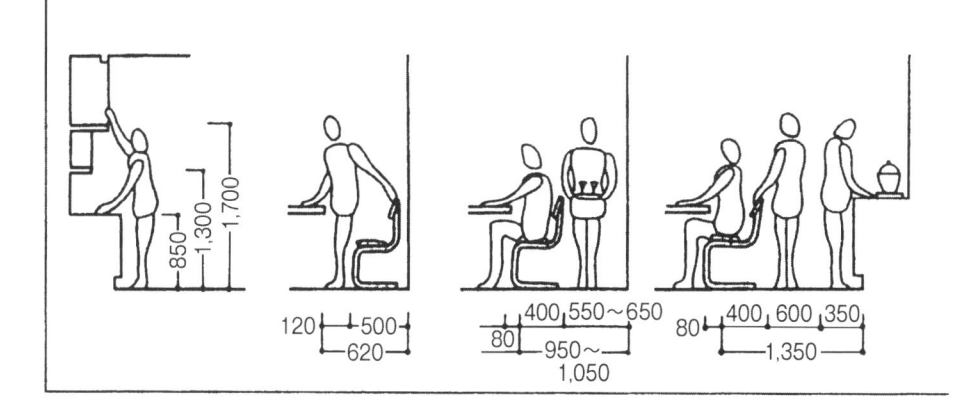

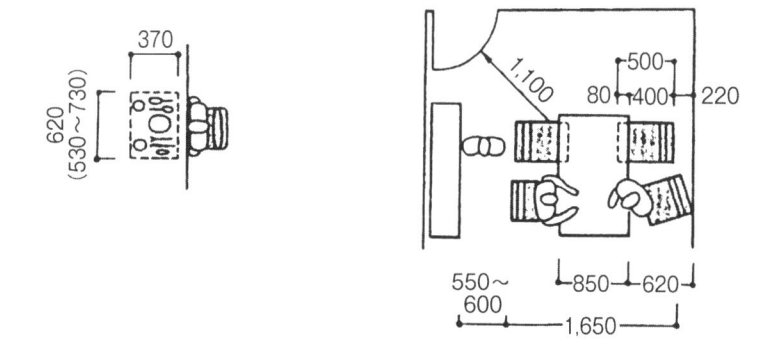

図5.4　ダイニングの動作空間

5.1.3　ベッドルームの家具配置

　ベッドの規格寸法は図3.6のようにJISによって定められているが、その家具配置は、部屋の形状や方位、窓面などを考慮してレイアウトする。

　通常ベッドのヘッドボードは壁面に接して配置するのが望ましく、出入口、採光、衣類用収納家具との位置関係などから部屋全体の家具配置を決める。シングルベッド、ダブルベッドとナイトテーブルを組み合わせた家具の配置形式を示すと、図5.5のようになる。なおベッドの配置に際してはベッドメーキングなどの寸法を考慮することが大切で、ベッド周辺と化粧動作の基本寸法を図5.6に示すので参照されたい。

シングルベッド

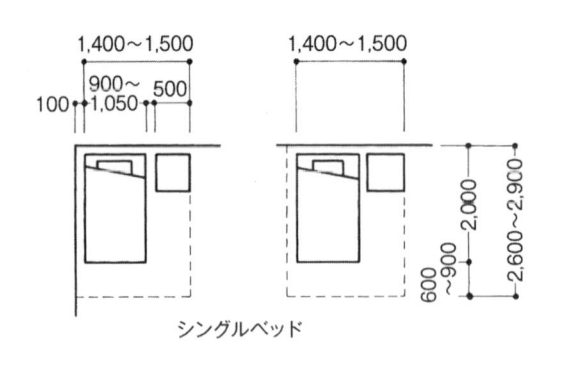

写真5.3 ベッドルーム

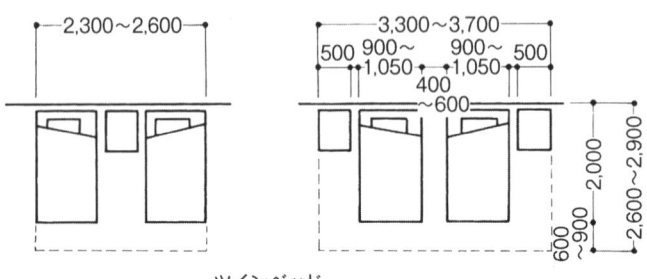

ツインベッド

ダブルベッド

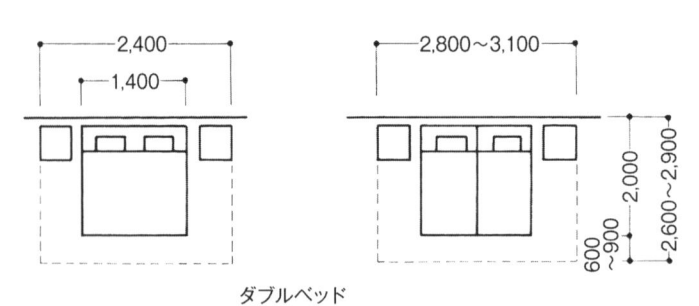

図5.5 ベッドの配置

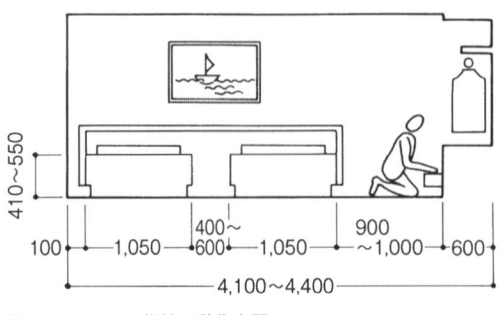

図5.6 ベッドと化粧の動作空間

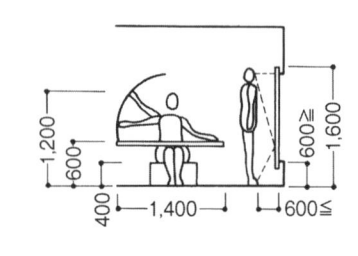

138　第5章 インテリアの家具配置と配置図作成

5.1.4　キッチンの家具配置

　キッチンにおける作業動線は、食品ストック→準備作業・下ごしらえ→調理作業・加熱処理→配膳作業・盛り付け、の流れで行われる。厨房設備の配置はこの作業動線にしたがって、食品庫、冷蔵庫、準備台、流し台、調理台、ガス台、配膳台の順に並べられるが、実際には調理機能の重複をコンパクトにまとめて厨房ユニットを組み合わせ、調理器具や食器収納を近くにアレンジしながら家具配置する。

　配置計画に当たっては出入口、ダイニングへの通路、窓の位置、設備配管などを考慮して行われる。その規模や配置形式は、住宅の大きさや家族構成、ライフスタイル、食器や調理道具の保有量に応じて行い、最少ユニットの配列から、軽食カウンター付きまでのいろいろな配置形式となる。

　図5.7のⅠ型の配置は、冷蔵庫、流し台、調理代、ガス台を1列に並べたもっとも簡単な形式である。並行型は、Ⅰ型の背後に冷蔵庫、作業台などを並列させた形式。L型は冷蔵庫、流し台、調理台、ガス台をL型に配置した形式で、Lに囲まれたスペースにダイニングセットを置くDKの場合や、収納戸棚を背後に並列して設けることなどが想定される。U型は流し台、調理台、ガス台、作業台、冷蔵庫などをU型に配置した形式で、この場合はふたつのコーナーができるので、ここを有効に使える工夫が必要である。ペニンシュラ型（半島型）は、配膳や軽食用のカウンターなどが付いた場合の配置で、この図には取りあげていないが中央に置かれるアイランド型とともに家族が参加できるオープンキッチンの家具配置となる。

写真5.4　システムキッチン

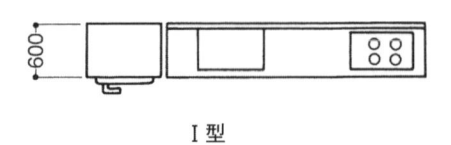

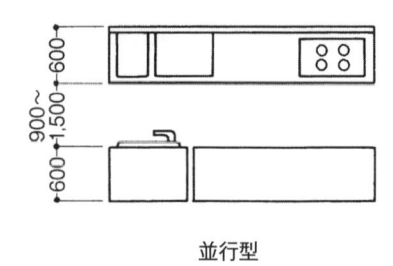

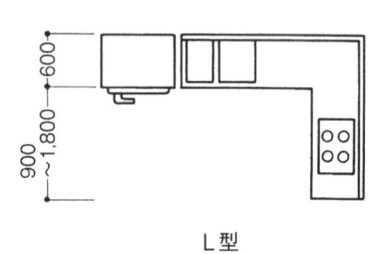

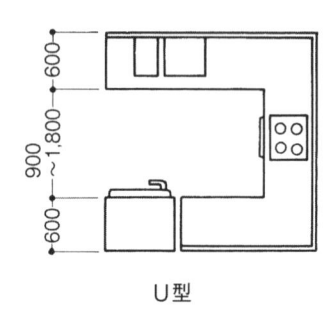

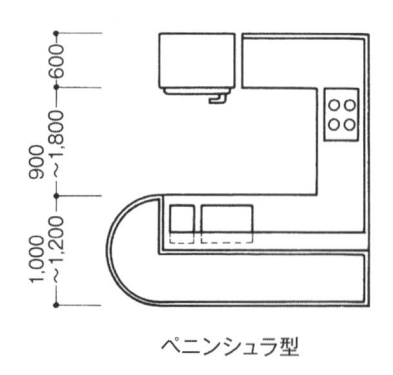

図5.7　キッチンの家具配置

写真5.5　キッチンカウンターの周辺

5.2 家具配置図作成の手順

配置図作成の手順としては、まず家具配置する部屋の規模や条件を把握し、そこで行われる生活パターンと作業動線に基づいて家具をレイアウトしてゆく。配置計画中に家具選びも同時に行いながらインテリアイメージをトータルにまとめ、家具の全体コストの検討も一緒に進めていく。以下、要点について作成手順にしたがいながら述べる。

(1) 家具配置対象インテリアのチェック

配置対象となる部屋の間取りや位置、方位を確認し、動線や他室との関連、出入口やサービスアプローチが適切かどうか、窓その他に開口部のチェックをしてインテリアの空間決定をする。

(2) 使用目的の確認

ライフスタイルに即応した部屋の使われ方の確認、使用人員、年齢、使用頻度と時間帯などの調査、分析をして要求条件を整理確認する。

写真5.6 リビングルーム

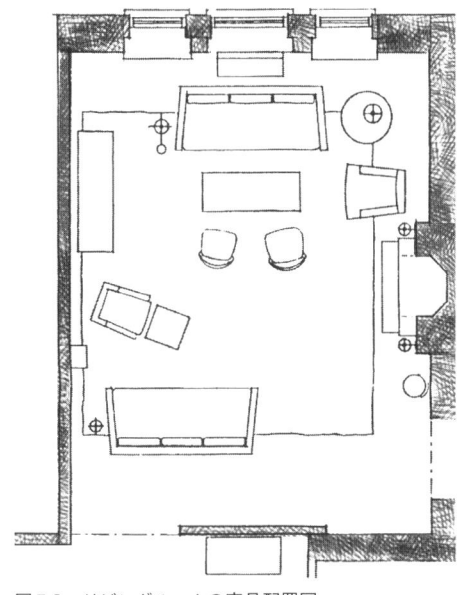

図5.8 リビングルームの家具配置図

(3) 家具配置の形式

家具配置の形式を2、3案選び、前記の要求条件に合致するタイプを抽出する。どの家具配置タイプが使用目的に一番合致するかをスタディする。

(4) 家具デザインの選定

椅子やテーブルはデザインや種類によって寸法を異にするので、あらかじめ部屋の大きさと家具寸法とのバランスを考えておきたい。またイメージをまとめるためにも家具デザインの候補をあげて、素材や仕上げ、色などのスペックを決めたり、大まかなコストスタディを行っておく。

(5) 配置スタディ

1/50以上にスケールアップした平面図に、先に検討した家具配置の特定タイプを画き込むが、当初はフリーハンドでスタディを進める。スタディの内容は、家具配置とインテリア平面との納まり、使われ方、配置と出入りのチェック、サービス動線、窓（採光）との関係、視線計画との関連など全体的な検討を進める。また絵や植栽を飾る場所も考え、床の仕上げも関連させて再確認しながらトータルで家具配置を決定していく（図5.9）。

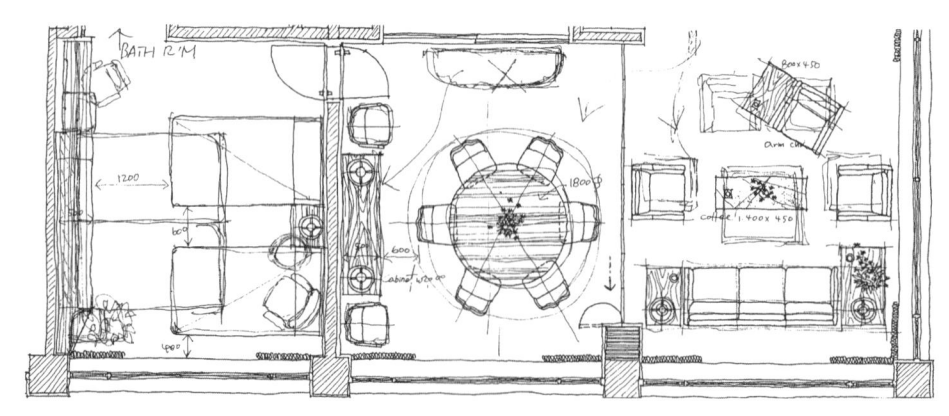

図5.9 家具配置のスタディ

(6) 家具配置図の作成

以上の検討によって決定案をつくり、最終的な家具配置を作成する。配置図面の縮尺は通常1/50図面であるが、必要に応じて

1/30または1/20図面にスケールアップして画く。家具配置図には床の仕上げ、椅子やテーブル、植木やアートワークなど、テクスチュアをイメージできるような表現技法による画き込みが望まれる（図5.10、図5.11、図5.12、写真5.6、写真5.7）。

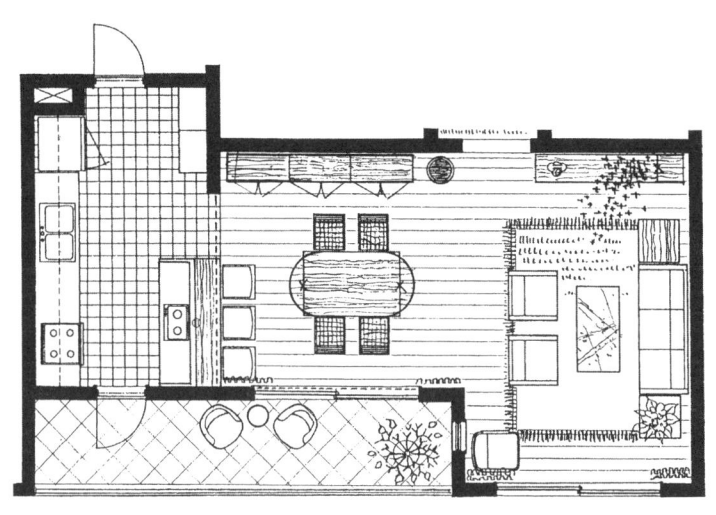

図5.10　LDKの家具配置図

写真5.7　リビングコーナー　　図5.11　リビングコーナーの家具配置図

5.2　家具配置図作成の手順

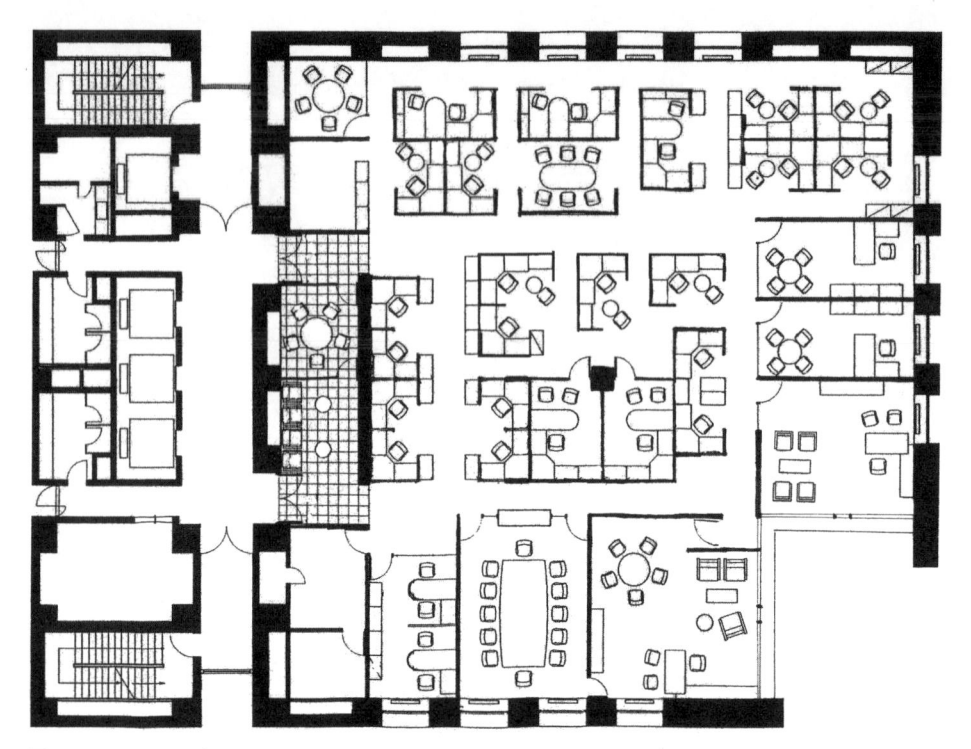

図5.12 オフィスの家具配置図

第6章 家具の構造と維持管理

6.1 家具の構造

　家具は椅子、テーブル、収納家具など機能別種類別に構成されるが、さらに木材、金属、プラスチックなど使用材料の構造的特徴によってもその構成が異なってくる。以下椅子・ベッド類、テーブル・デスク類、収納家具・収納ユニットの基本的な構造について述べる。

6.1.1 椅子、ベッド類の基本構造
(1) 椅　子
　椅子は、人が作業をしたり休息したりするときに人体を支える機能をもつ家具で、その基本的構成要素は座と背およびこれを支える脚の部分から成り立っている。椅子の種類にはストゥールやサイドチェアなど比較的作業性の高いものから、ラウンジチェアやソファなど休息度の高いものまである。ここではもっとも基本的なサイドチェアについて、図6.1に示すその基本構造を見てみると、まず前脚、後脚、貫、座板、背板（笠木、背貫）などの部材で構成されているのがわかる。なお座と背が張り包まれる場合は後述の張り構造を参照されたい。サイドチェアの種類については、図6.2に示すように異なる材料による構造別のバリエーションを見ることができる。

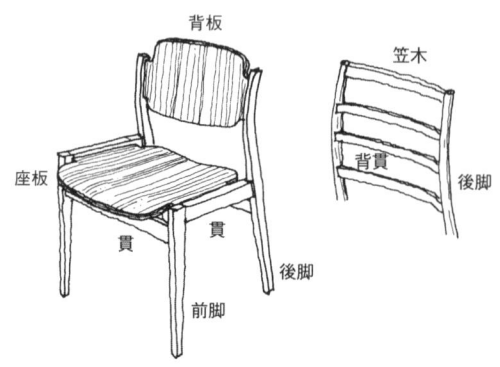

図6.1　サイドチェアの構造

　座と背の構造は図のように別々のものを座枠と後脚に取り付ける場合と、成型合板やプラスチック製で一体成型したものを脚部で支

える場合とがある。脚部は、木製の場合には図6.2(b)のように伝統的な前脚と後脚によって構成され、金属製の場合にはパイプ、ロッドなどを使用して(a)および(c)のような構成により座と背を取り付ける。またオフィス用の回転椅子は金属鋳物、パイプ、プラスチック材料などによって(d)のような1本脚構成となっている。

(a) 座と背が一体成型、4本もしくは3本脚の構造
座と背の素材／成型合板、プラスチック、スティールメッシュなど
脚部の素材／金属、木

(b) 座と背が別の部材、4本脚と貫の構造
座と背の素材／成型合板、木、ラタンメッシュ、布張り込み
脚部の素材／木、スティールなど

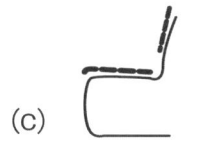

(c) 座と背が別の部材、カンチレバーのフレームで支持された構造
座と背の素材／ラタンメッシュ、革、布張りなど
脚部の素材／スティール（アジャスターは通常付かない）

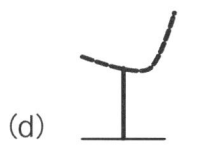

(d) 座と背が一体成型、1本脚の構造
座と背の素材／プラスチック、布、革張り、成型合板など
脚部の素材／金属、先端部にアジャスターまたはキャスター

(e) 折りたたみの構造

図6.2 サイドチェアの構造の種類

大型の張り包み椅子の構造は、図6.3に示すような伝統的な枠組み（前後脚、座枠［前後側台輪］、肘枠、背枠）を張り包んだ構造と、一体化した座と背の上台を脚部で支えた図6.4の場合とがある。また近年、ウレタン発泡構造にカバーリング方式の構成も多くなっている（図6.5）。

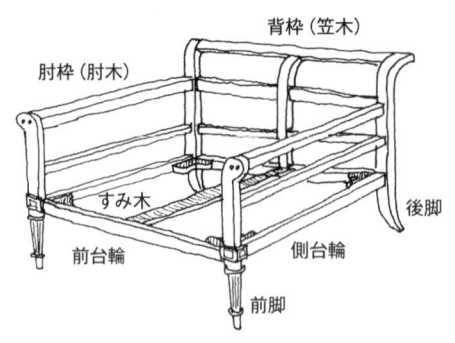

図6.3　厚張り椅子の木枠組みの構造

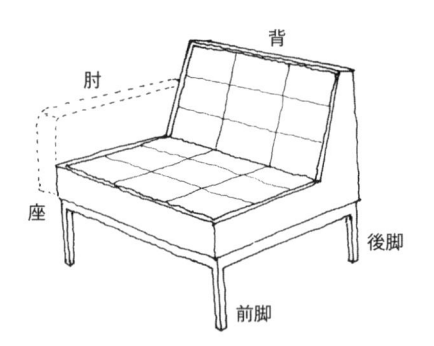

図6.4　ラウンジチェアの構造

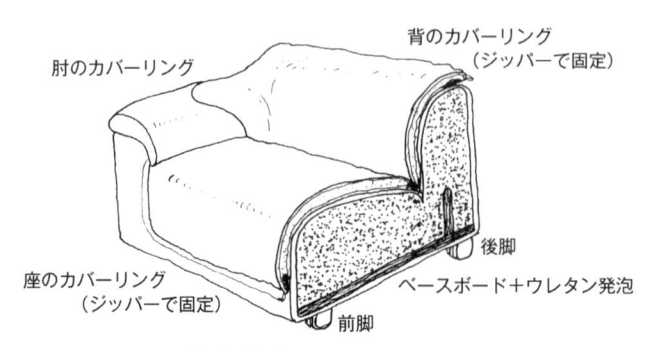

図6.5　カバーリング方式の構造

(2) ベッド

ベッドの基本的な構造はマットレスとこれを支えるフレーム部分から成り立っている。図6.6（b）はマットレス、ボトムおよびヘッドボードから構成されたベッドの一般的な例であり、(a) はボトムが簡便化された形式となり、側フレームの中に有孔合板または簀の子を落とし込み、その上にマットレスを乗せる構成となっている。なおマットレスの種類については図3.5を参照されたい。

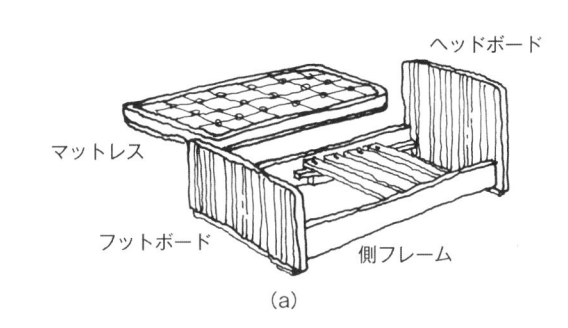

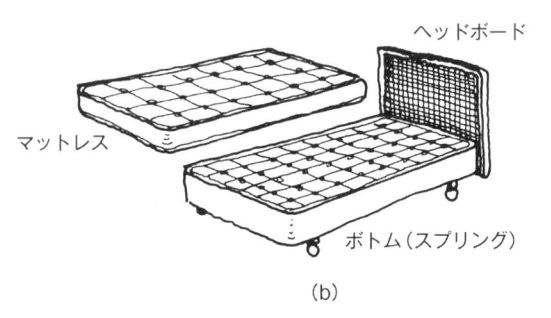

図6.6 ベッドの基本構成

(3) クッション構造

椅子やベッドは直接身体に触れて、人体を感触よく支えるためにクッション性をもっているが、その構造でもっとも簡単なものに座板上にウレタンフォームを接着し、上張り材で張り上げる薄張り構造がある。またそのほかに厚張りがあるが、これはベッドのマットレス構造とともに三層構造が理想的である。図6.9にその構造を示すと、表層は柔らかなクッション材で感触をよくし、中間層は硬めの充填剤を入れて下のスプリング層に荷重を平均して伝え（スプリング層の硬さを覆う）、最下層は上二層の骨格と

なるもので、人体荷重を支える構造部分としてスプリングが使われる。先にも述べたがこの三層構造はマットレスと図6.3や図6.8の伝統的な木枠組み厚張りやあおり張りの構造に用いられている。

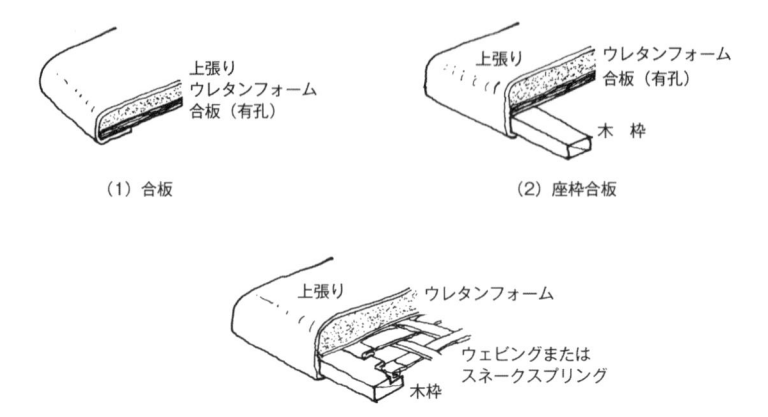

(1) 合板

(2) 座枠合板

(3) 座枠ウェビングまたはスネークスプリング

図6.7　薄張り構造

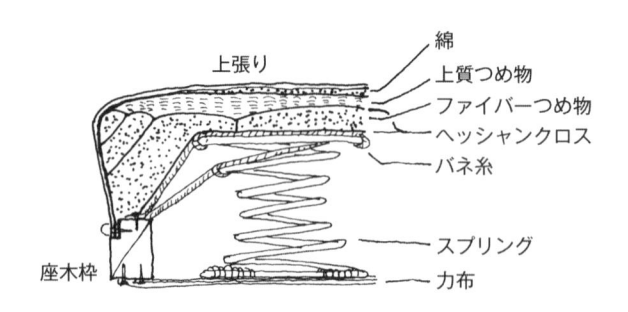

図6.8　厚張り構造.

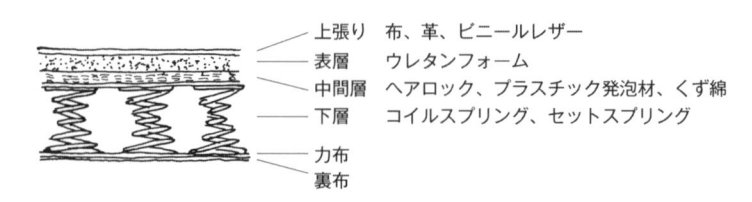

図6.9　クッションの三層構造

6.1.2 テーブル、デスク類の基本構造

　テーブルは、食事や会議のために、甲板とこれを支える脚部とから成り立っている。一方デスクは学習やオフィスの作業用なので、甲板と文具や書類などの収納部分が脚部に付いている。もっともシンプルなテーブルの構成を図6.10で見ると、甲板と脚と幕板の3種類の部材で成り立っているのがわかる。そして甲板を支える脚部が1本脚、台座、板脚などと変化して図6.11のようなバリエーションをつくっている。リビングルームなどで使う休息用のコーヒーテーブルの高さは400mmくらいに低くなるが、構成の仕方はほぼ同じである。

　デスクの構成は4本脚、1本脚、板脚などに収納用の袖が付き、図6.12に示すような平机、片袖机、両袖机、L型机へと袖構成と大きさが変化する。なおデスクの種類と機能については「3.3.2（10）机」以降を参照されたい。

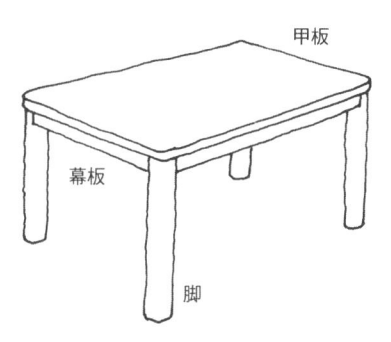

図6.10　テーブルの構造

(1) 甲板と4本脚の構造　　(2) 甲板と1本脚の構造　　(3) 甲板と台座の構造

(4) 甲板と板脚の構造　　(5) 甲板と板脚貫の構造　　(6) 甲板とX脚の構造

図6.11　テーブルの構造と種類

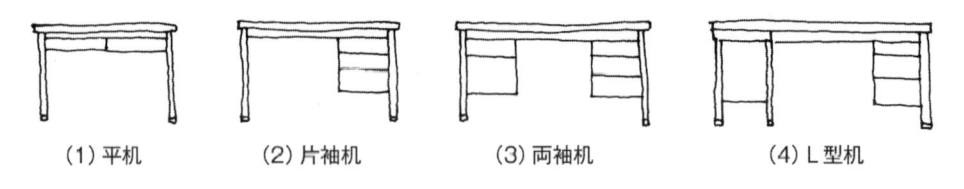

(1) 平机　　　(2) 片袖机　　　(3) 両袖机　　　(4) L型机

図6.12　デスクの構造と種類

　甲板はテーブルやデスクの作業面となる重要な部位で、表面のテクスチュアは平滑で心地よい感触性が必要である。材料としては木材、プラスチック、硝子、大理石などを用いるが、もっとも汎用性の高い木質系の甲板の構造は図6.13のとおりである。

無垢材

框組化粧板貼り

フラッシュ構造

ハニカムコアーフラッシュ構造

積層合板

ランバーコアー合板

パーチクルボードコアー合板

パーチクルボードコアー
化粧板貼り

パーチクルボードコアー
塩ビシート貼り

図6.13　用板、各種パネルの構造

6.1.3 収納家具の基本構造

　生活用品や事務用品を整理収納する家具がキャビネット形式の収納家具である。使用材料は木質系と金属が中心であるが、ここでは木質系の収納家具を例にあげて解説する。キャビネットを構成する基本部材は図6.14に示すように天板、左右側板、地板、背（裏）板などからなり、これに支輪、脚（または台輪）、中仕切、棚、引出し、扉などが必要に応じて取り付けられる。各部を構成する部材は図6.13の各種パネルが適用されるが、一般にはフラッシュ構造がもっとも多く使用される。

　なお収納ユニットの基本構成には、パネルタイプ、ボックスタイプ、パネル＋ボックスタイプおよび収納壁タイプの4種類あるが、詳しくは「図3.14　収納ユニットの構成方法」を参照されたい。

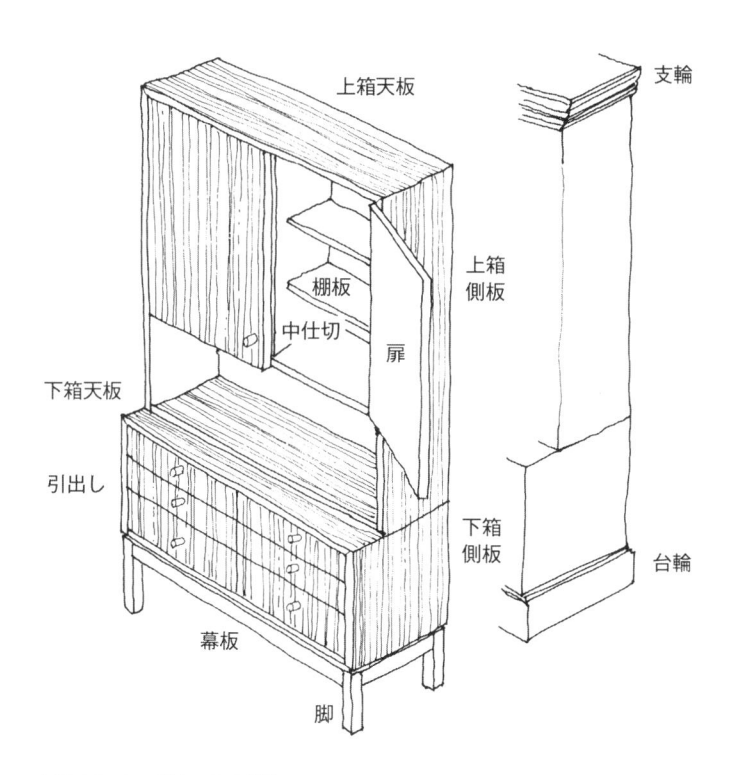

図6.14　キャビネットの構造

6.1　家具の構造　　153

6.2 家具と部品類の維持管理

インテリアで使われる家具の種類は椅子類、テーブル類、キャビネット類に分類されることはすでに述べたとおりであるが、それらの家具に共通して使われている材料をあげると木材、金属、プラスチック、織物、皮革など多種多様にわたっている。ここでは椅子やテーブル、キャビネット類についてそれぞれの材料別、仕上げ別の保守メンテナンスについて述べたい。

写真6.1　各種材料が使われている家具類

6.2.1　椅子類のメンテナンス

椅子は座具として人の身体を支えるもので、身体に接する部分の感触が心地よいことが望ましいことはいうまでもないが、それゆえに人体が触れる部分が一番いたんだり汚れたりする。

一般的に椅子の汚れる部分は、肘と頭のあたる部分に手あかやほこり汚れが付きやすい。また椅子張りクッションの弾性的へた

りでは、座の前縁と肘の上端が特にへたりやすい。

(1) 木製の椅子、曲木の椅子

　枠が木製の椅子は通常塗装仕上げされているので、日常の手入れは布で空拭きするか、化学ぞうきんでほこりを落とす程度でよい。

　仕上げ表面に何かが付着して汚れたときには、ぬるま湯で薄めた中性洗剤で汚れをよく拭き取り、塗装皮膜に保護効果のあるワックスをかけてあとを乾いた布で磨いておく。

　曲木椅子の接合部分は、木ねじやボルト、ナットで緊結されているが、使用中ゆるむことがあるので、年1回程度締め直しをする。

(2) 金属製の椅子

　脚部がスチール製、ステンレス製の椅子の場合、普段は乾いた布か化学ぞうきんで汚れを取って磨いておく程度でよいが、室内の湿度が高いと錆が発生するので注意する。

　クロームメッキ仕上げ、ステンレス、アルミ部分の汚れや錆は、金属磨きで十分に拭き取り、あとをよく乾かしてシリコンか金属用ワックスをかけて磨き上げる。

　焼付け塗装の金属脚部の汚れは、ぬるま湯で薄めた中性洗剤で汚れを落とし、金属用ワックスで拭いておく。

(3) ビニルレザー張りの椅子

　座や背に張られたビニルレザーは、使用中の経年変化で変色したり硬くなったりして感触性能が低下する。普段から手入れをして汚れを放置しないようにする。

　日常の手入れは空拭きでごみやほこりを落とし、軽い汚れは、ぬるま湯で堅絞りした布で拭き取る。

　取れない汚れは、中性洗剤をぬるま湯で薄めた液で拭き取り、あとを洗剤が残らないように水拭きする。

　十分乾いたあと艶だしと表面保護のためワックスで磨いておきたい。

(4) 布張りの椅子

　布張りの椅子は座の前縁と肘の上端がいたみやすく、特に肘の前方が手あかで汚れやすい。また布の織り目にほこりを吸いやすいので、日頃から柔らかいブラシでごみやほこりを取り除いてお

くとよい。軽い汚れは、ぬるま湯で薄めた中性洗剤でさらっと拭き取る。ひどい汚れは、ベンジンかアルコールを布に浸して拭き取る。布地への撥水加工も可能である。

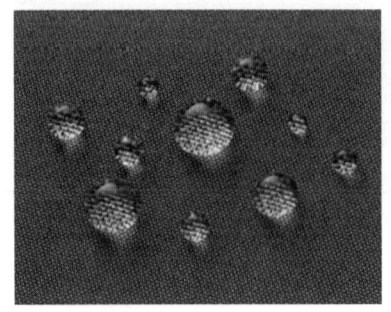

写真6.2　撥水加工された布地

(5) 皮張りの椅子

　皮張りの椅子は使用中の経年変化で皮が硬くなったり、磨耗によって皮の表面がすり減ったりするので、時々皮専用ワックスをかけて手入れをしたい。また光に触れるところは隠れたところより色褪せし、直接日光に当たると染色塗料が変色する。暖房機の熱風やその他の高熱が当たると皮が変形し硬化するので配置場所にも注意したい。

　通常の手入れは、乾いた柔らかい布で空拭きする。

　水をこぼしたり薬品を付けたときには、滲み込む前に素早く拭き取る。

　汚れたときには、皮革用クリーナーを用い使用法にしたがって拭き取る。この場合汚点部分だけでなく周り全体を拭くようにする。水や中性洗剤、ベンジンなどは染みをつくるので使用しない。

(6) スウエード張りの椅子

　裏皮なので表面が毛羽立っている。そのためほこりを吸いやすいので日常よくブラッシングする。その他の注意事項は皮革張りに同じである。

(7) 籐張りの椅子

　籐は温風や直射日光に当たるといたみやすい。また部分的な荷重や傷をつけると籐編みシート全体が破れるので注意したい。籐張りの椅子は使用につれて飴色に変色し、ややたるみが出てくる

が、これは植物材料としての自然な状態といえよう。

　籐椅子は座や背の編み目にごみやほこりがたまりやすいので、ブラッシングしてよく落とし、普段は空拭きする。

　汚れは中性洗剤を薄めた液で拭き取り、乾いた布で水分をよく拭き取る。

写真6.3　ポール・ケアホルムのデザインによるPK24

(8) プラスチックの椅子

　プラスチック製の椅子にはFRP、ABS、ポリプロピレン製などがあるが、経年によるシートシェルの材質的変色はある程度やむをえない。FRP製などは通常塗装仕上げされているが、この場合特に汚れが目立つのできめこまかく手入れをすることが大切である。

　汚れは中性洗剤をスポンジに含ませて軽くこすり、さらに水拭きをした後空拭きする。

　クレンザーやブラシを使うと表面に傷を付けるので用いない。

6.2.2　テーブル類のメンテナンス

　テーブルは食卓面や作業面としての甲板が、木製または金属製の脚により支えられる。使用が長年月にわたると、甲板の汚れや傷が目立ってくるので、次に述べるような素材別の甲板手入れに気くばりをしたい。

(1) 木製のテーブル

　木製甲板のテーブルには、硬くて重いものや底のざらついたものを直接置かないこと。また熱い食器なども直に置くと塗膜をいためるので、コースターを敷いて乗せるようにしたい。

　甲板、脚部とも通常塗装仕上げされているので、日常の手入れ

は堅絞りの布か化学ぞうきんで空拭きする。

　汚れや染みは、ぬるま湯で薄めた中性洗剤で拭き取るか、汚れ落としと塗膜保護を兼ねたワックスで拭き取る。

(2) 金属製のテーブル

　甲板が金属製の場合はごく稀なので、ここでは脚部のスチール、ステンレス、アルミ部分についての手入れ法を述べる。

　日常は化学ぞうきんでほこりを取って磨いておく。ステンレス鏡面仕上げの場合も通常空拭きでよい。

　クロームメッキ仕上げ、ステンレス、アルミ部分の汚れや錆は、金属磨きを用いて十分拭き取り、あとをよく乾かしてシリコンか金属用ワックスをかけて磨きあげる。

(3) メラミン化粧板のテーブル

　メラミン化粧板張りの甲板は使用当初は清潔である。甲板の縁は同質メラミン化粧板の場合、または木部、金属、エンビエッジなどで処理されている。

　日常の手入れは、水拭きか化学ぞうきんできれいにする。

　汚れは、ベンジンを用いるが中性洗剤をぬるま湯で薄めた液で拭き取り、あとを必ず水拭きする。そのあと汚れ止めと艶だし効果のあるワックスをかけておくとよい。なお縁に木部が使用されているときには、水分を残さないように十分拭き取りたい。

(4) 大理石のテーブル

　大理石は吸水性があるので、濡れた花瓶や、汚れ、ほこりなどを放置するとあとが染みになるので注意したい。

　普段は柔らかい布で空拭きしてほこりを払い、ときどき専用ワックス磨きをする。

　汚れや油類をこぼしたときは、乾いた布で完全に吸い取らせ、あとをベンジン、揮発油などで拭き取る。

(5) ガラスのテーブル

　他の甲板材に比較してガラスの甲板は最高の硬度をもつが、長年使っていると多少変色したり表面に細かな傷が結構つきやすい。卓上では硬くて重いものや鋭利なものは特に慎重に扱いたい。

　普段は柔らかい布で空拭きし、ほこりや軽い汚れは水拭きする。その他の汚れは、ガラスクリーナーを用いるか中性洗剤を使用

して汚れを落とし、あとを熱めの湯で拭き取り、乾いた柔らかい布で空拭きするとくもりのない光沢が保たれる。

油汚れはガラスクリーナーできれいに落とし、あとを柔らかい布で拭き取る。

(6) 陶磁器製のテーブル

テーブル甲板には、普通施釉された磁器製タイルか大型陶板が使われる。

軽い汚れは、中性洗剤をスポンジに付けて軽くこすりながら水洗いする。

経年変化で磁器表面の凹凸部分に付いた汚れは、弱いアルカリ性合成洗剤にクレンザーを混ぜて洗い落とし、あとを水洗いする。

(7) 漆塗りのテーブル

漆器は手入れが悪いと光沢がなくなり古びた感じになるので注意したい。汚れたからといって湯水に浸したり熱湯の使用は厳禁。日常の手入れは柔らかい布で空拭きする。

汚れや油っぽくなったときには、ぬるま湯に中性洗剤を溶かしたもので手早く拭き取り、あとを水拭きを行い、柔らかい布で力を入れないようにして空拭きする。

ワックスや揮発油などの使用は好ましくない。

6.2.3 収納家具類のメンテナンス

キャビネット類は飾棚や各種収納棚が主で、扉類のスムーズな開閉維持や引出しの具合、引手まわりの汚れなどに注意したい。また棚内部の汚れや食器棚などは特に匂いがつかないようにして清潔を保ちたい。

(1) 木製のキャビネット

木製のキャビネット類は、ラッカー仕上げやウレタン、ポリエステル、アルミアルキドなどの塗装仕上げがなされている。

日常の手入れは、柔らかい布か化学ぞうきんで空拭きする。

軽い汚れは、ぬるま湯で薄めた中性洗剤か、塗装面保護を兼ねた汚れ落としワックスを使用する。

引手などの金属部分の手入れは、金属磨きで錆を取り除き、ワックスで研磨しておくとよい。

(2) 金属製のキャビネット

　クロームメッキ仕上げ、ステンレス、アルミ部分は、金属磨きで汚れを落としたあと金属用ワックスでよく磨く。

　焼付け塗装部分の汚れは、ぬるま湯で薄めた中性洗剤で落とし、あとをワックスがけをしておく。

(3) プラスチック化粧板張りのキャビネット

　普段は水拭きか化学ぞうきんでほこりを落とす。

　汚れはクリーナーで拭き取り、あとを必ず水拭きする。縁に木材が使われているときには水分を残さないように十分拭き取る。

(4) プラスチックシート張りのキャビネット

　硬いものや鋭利なもので衝撃を与えると、傷が付いたり剥離の原因になるので注意する。

　汚れは、ぬるま湯で薄めた中性洗剤を布に付けて拭き取り、そのあとを必ず水拭きする。

(5) 桐箪笥

　普段の手入れは羽根ばたきなどでほこりを落とし、布で空拭きする。

　水拭きやクリーナー、ワックスは染みをつくるので用いない。

(6) 鏡台、化粧カウンター

　鏡は平素から柔らかい布で空拭きし、ほこりを払っておく。

　化粧品や油汚れは、ガラスクリーナーできれいに落とし、柔らかい布で空拭きする。

　甲板や引出しの前板の汚れは、ぬるま湯で薄めた中性洗剤かワックスクリーナーで汚れ落としする。

6.2.4　部品類のメンテナンス

(1) 椅子類の部品

・グライジュ

　フローリングの床面に設置する場合、厚手のフェルトやフェルトのついた樹脂製のグライジュを用いるが、磨耗するため交換の必要がある。

・キャスター

　キャスターの動きが悪い場合は潤滑剤スプレーなどを軸部分に

注入し余分な潤滑剤はよく拭き取ること。最近では油分を含まないドライタイプの高性能潤滑スプレーなどもある。

・**上下可動装置**

最近の装置は高圧のガスを封入したものなどがあるため、具合が悪い場合はメーカーでの処置が必要となっている。

・**回転機構、ロッキング機構**

動きが悪い場合前述の潤滑剤スプレーなどが有効であるが、オートリターン機構などはスプリングやガス圧を利用したものなど多機能化しているためメーカーに相談する必要がある。

(2) 収納家具類の部品

・**スライド丁番、丁番類**

動きの悪い部分は潤滑剤スプレーなどが有効であるが、注入後よく拭き取らないと収納物を汚すことがあるので注意が必要である。また取付けビスの緩みが起きることがあるので、日頃チェックも必要であり、早い時期に締め直しをすることで、故障を防ぐことができる。

(3) 引出しの部品

・**擦り桟**

木製の擦り桟にはロウソクなどを擦り込むことで動きが軽くなる。

メタルのスライドレールの場合は潤滑剤スプレーが有効である。この場合も注入後、余分の潤滑剤を拭き取っておくこと。

・**つまみ、引き手金物**

扉や引出し前板の内側からビスで固定されているが、緩みが起きやすいのでガタつきを感じたときはすみやかに締め直す必要がある。

特にビス1本で固定している摘みは、回転して止め付けている前板や扉に深い傷をつけてしまう場合があるので、注意が必要である。

6.2.5 家具の据え付けと地震対策

家具の据え付け時の固定法を述べるにあたり、家具の転倒が起きる要因について理解をしておくことが肝要である。

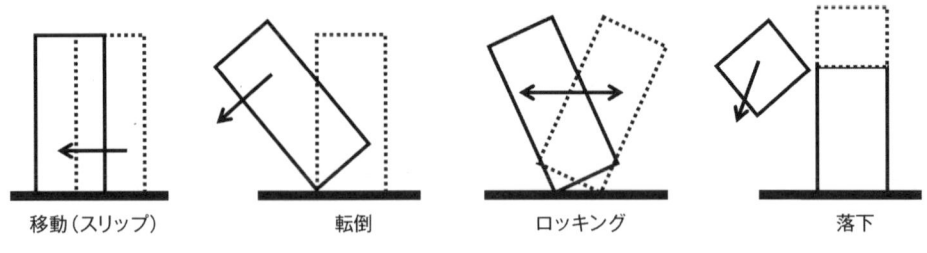

移動（スリップ）　　転倒　　ロッキング　　落下

図6.15　家具の挙動例

(1) 家具のプロポーション

当然のことながら家具の高さが高くなるほど転倒が起きやすい。
高さ／奥行きの比率が4以上の場合は転倒の可能性が大。
　例　H = 2,000、D = 450
　　　2,000／450＞4　となり転倒の可能性が大となる。
高さ／奥行きの比率が3、5の場合は要警戒。
一般的に、高さ／奥行きの比率が3以上では要注意と考えられるので何らかの対策が望まれる。

(2) 家具と壁面との距離

壁に接して据え付けた家具は家具の振動が壁にぶつかり吸収されるため、独立型の場合より転倒しにくい。

(3) 家具の重心位置

重心位置が上にあるほど、小さな加速度で転倒を起こす。

(4) 家具の重量

重心位置が上にある場合、重量が重いほど転倒しやすく、重心位置が中央付近の場合は重量が軽いほど転倒しやすい。

(5) 床の材質と家具の滑りやすさ

床の材質や家具の接地面の形状により、家具の滑りによる被害も考えられる。地震時の家具転倒に備えて、多様な対応商品が流通しているが、重要なことは固定する器具が壁、柱や胴縁などに直接固定されるか、または補助材を使うことで安定した支持材に固定される必要がある。

簡便で経済的で実効性が見込める据え付け方法と部品類を図6.16に示す。

　足元の滑りが起きないように楔形の断面をもった樹脂製の滑り止めを幅なりに家具の幅木下に設置し、家具上部でベルト式あるいはアングル金物で壁と固定するという方法が実験的にも有効とされる。

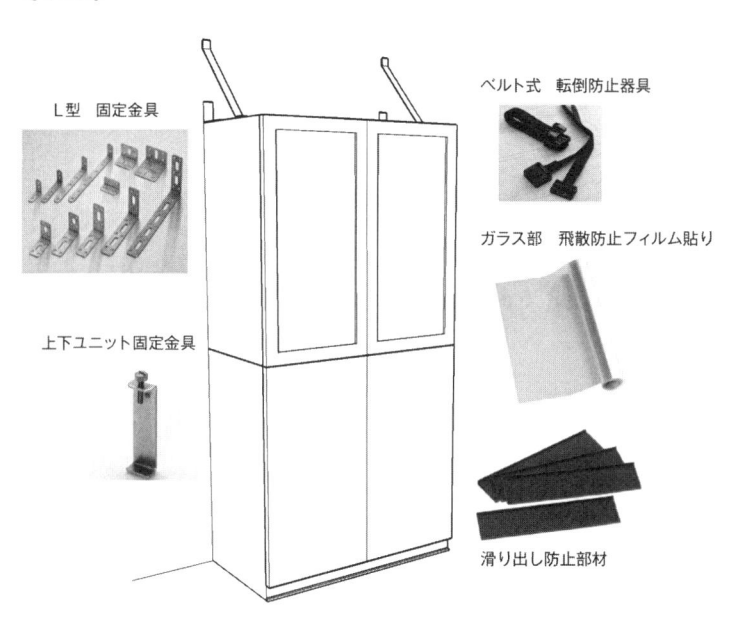

図6.16　家具の地震対策と部品類

　映像により振動実験を含めた一連の実験の内容が名古屋大学福和研究室の防災・耐震化促進ホームページ「ぶるるくんのじこしょうかい」で公開されており参考になる。

　装飾品などの棚への簡便な固定方法としてはペースト状の商品が流通している。これは展示品の底に小豆大の大きさに丸めて数個貼り付け棚などに仮止め固定するもので、完全に固定することはできないが軽度の振動では安定している。

　貴重な品は支持金具での固定やテグスで固定するなどの対策が必要である。

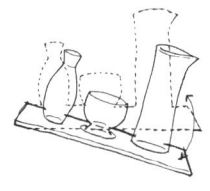

図6.17　ガラス器、陶器などの棚への簡易固定

6.2　家具と部品類の維持管理　163

《資料提供・協力》
㈱アイデック
㈱岡村製作所
㈱カッシーナ・イクスシー
㈱カンディハウス
㈱コトブキ
サンウェーブ工業㈱
㈱天童木工
日本ベッド製造㈱
㈱ノール・ジャパン
ハーマンミラージャパン㈱

《参考文献》
「インテリア家具のエッセンス」内堀繁生、鹿島出版会、1988
「インテリアと家具の基礎知識」内堀繁生、鹿島出版会、1985
「インテリアデザイン2」小原二郎(編)、鹿島出版会、1973
「デザイナーのための人体・動作寸法図集」小原二郎(編)、彰国社
「インテリアスペース図集」上野義雪、彰国社、1987

著者略歴

内堀繁生（うちほり・しげお）
1954年千葉大学工学部建築学科卒業。セゾングループに在職中、バウハウスのコレクションで著名なノールデザインを日本に紹介する。鹿島建設インテリアデザイン部長、千葉大学講師、大妻女子大学教授を歴任。現在、生活デザイン研究所代表。

臼井憲二（うすい・けんじ）
1972年千葉大学工学部建築学科卒業。同年より鹿島建設建築設計本部に所属。インテリアデザイン部においてホテル計画、ショップ計画、住宅など多くのジャンルの設計を担当。2009年同社退社後、Qデザインオフィスを設立。

インテリアの基礎知識シリーズ
インテリアとファニチュアの基礎知識

発行：2010年11月25日　第1刷

著者：内堀繁生・臼井憲二
発行者：鹿島光一
発行所：鹿島出版会
〒104-0028　東京都中央区八重洲2丁目5番14号
電話 03-6202-5200　振替 00160-2-180883

DTPオペレーション：田中文明
カバーデザイン：工藤強勝／デザイン実験室
印刷・製本：三美印刷

©Shigeo Uchibori, Kenji Usui, 2010 Printed in Japan
ISBN978-4-306-03355-9　C3052
無断転載を禁じます。落丁・乱丁本はお取替えいたします。

本書の内容に関するご意見・ご感想は下記までお寄せください。
URL：http://www.kajima-publishing.co.jp
E-mail：info@kajima-publishing.co.jp